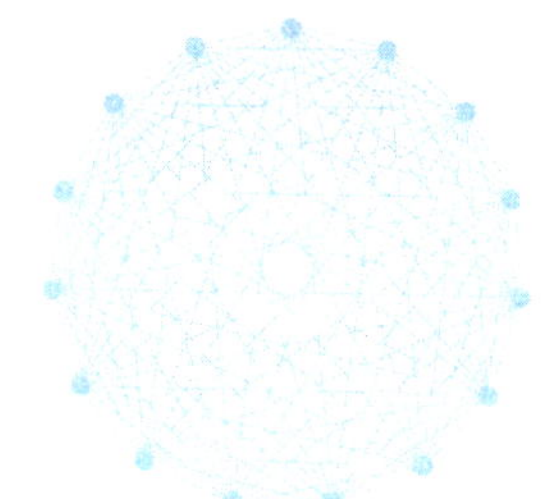

让孩子越玩越聪明的

全脑训练题

少儿潜能开发全脑训练书

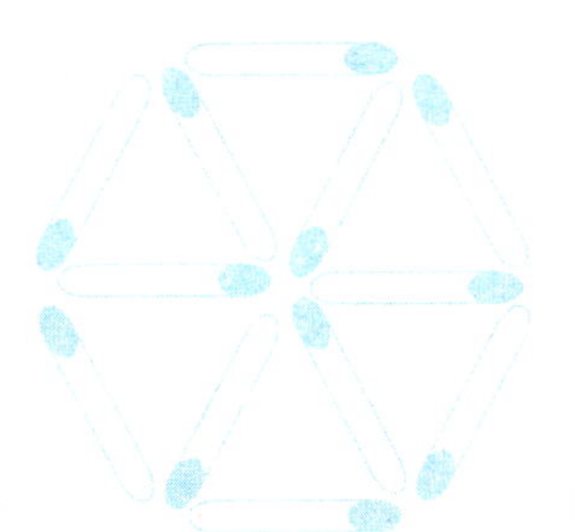

廖春红◎主编

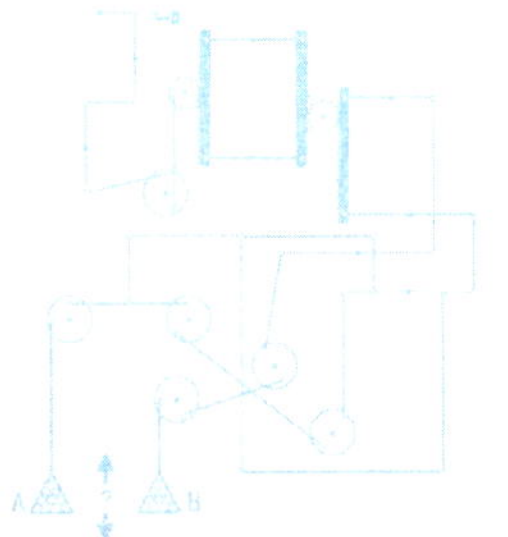

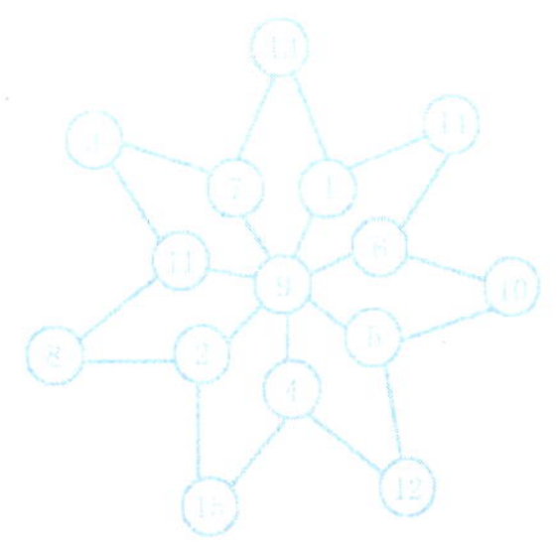

吉林出版集团股份有限公司

图书在版编目（CIP）数据

让孩子越玩越聪明的全脑训练题 / 廖春红主编 .
— 长春：吉林出版集团股份有限公司，2018.6

ISBN 978-7-5581-5106-4

Ⅰ . ①让… Ⅱ . ①廖… Ⅲ . ①智力游戏—青少年读物
Ⅳ . ① G898.2-49

中国版本图书馆 CIP 数据核字（2018）第 099320 号

让孩子越玩越聪明的全脑训练题

主　　编　廖春红
责任编辑　齐　琳　史俊南
封面设计　颜　森
开　　本　710mm×1000mm　1/16
字　　数　169 千字
印　　张　14
版　　次　2018 年 12 月第 1 版
印　　次　2019 年 11 月第 2 次印刷

出　　版　吉林出版集团股份有限公司
电　　话　总编办：010-63109269
　　　　　发行部：010-69584388
印　　刷　三河市东兴印刷有限公司

ISBN 978-7-5581-5106-4　　定价：39.80 元
如出现印装质量问题，调换联系电话：010-82865588

前言

Preface

根据科学家的研究，人脑中有2000亿个脑细胞，可储存1000亿条信息，思想每小时游走300多千米，拥有超过100兆的交叉路线，平均每24小时能产生4000种思想。人的大脑好比是一部超大型的计算机，它不仅控制思想，还控制感觉、情绪以及身体的各种反应，这架不可思议的机器主宰着一个人一生的发展。正确操作和有效提升这部超大型计算机的效率，让思维能力最大限度地得以发挥，是一个人获得成功的关键。

我们的大脑分为左脑和右脑两个半球，二者各有分工，协调合作。左脑具有语言功能，擅长逻辑推理，主要储存人出生以后所获取的信息；右脑具有形象思维功能，主要表现在直觉、节奏、形象、想象、空间感、整体性等方面。我们日常生活用得最多的就是左脑，而右脑则处于弱势地位，只有当左脑的兴奋镇静下来后，右脑才会有“表现”的机会。根据研究，右脑存贮的信息包含了500万年来祖先所经历的人和事，其潜能相当于左脑的10万倍。

大多数人习惯于用右手做事，根据左脑支配右侧身体的规律，人们的左脑经常处于运转状态中，而右脑的运转却滞后了。这就像玩两人三足的游戏，一个人慢了，势必会导致整体速度的下降，要想提速，就得让那个慢的人快起来。同样的道理，要想让大脑的运转速度加快，就应该“双脑”齐下，共同运转。这就需要我们平时注重左手的使用——也就是右脑的使用，来一个全脑开发。在提升智力的过程中，有意识地加强右脑的锻炼，对智力的提升会起到事半功倍的效果。

目前我国的学校教育偏重于左脑开发，应试教育制度也往往是把孩子往死记硬背的道路上拉。而孩子本身的天性，对艺术的感受和与自然的接触，完全没有得到培养，甚至原有的在玩耍中培养的聪明劲儿也被扼杀了。因此，让孩子充分发挥自己的天性，与大自然亲密接触，在玩的过程中学习各方面的知识，是尤为重要的。诺贝尔奖获得者李政道曾说过科学和艺术，是硬币的两面，谁也离不了谁。可见，一个优秀的人物，他的左右脑应该是均衡发展的，任何偏废一侧大脑的做法都是不可取的。

科学研究证实，天才与普通人的一个最重要的区别就在于大脑思维。普通人用脑以左脑为主，右脑的能力很少得到发挥，而卓越的人才则有很大一部分都是懂得开发和利用右脑潜能的人。根据国际脑研究组织（IBRO）公布的数据，93%的成功人士都是全脑得到充分开发的人。全脑开发，指的是对人的左右脑同时进行开发和训练，目的是建立左右脑的第二次协同，将智力正常的人的记忆力、注意力、观察力、想象力、创造力等综合智力水平在短时间内提升几倍甚至几十倍。

我们每个人的思维潜能都是无限的，只是平时缺乏有意识的训练，所以才没能发挥出自己的潜力。因此，一定要全面开发每个人的大脑潜能，提高人的形象思维能力、逻辑思维能力、注意力、记忆力、想象力、模仿力、感知力、理解力、判断力、创造力等，改变人的思维方式，使每个人都能由平凡走向卓越。

本书是一本趣味十足的全脑开发训练书，本书以轻松的笔触、有趣的内容、循循善诱的训练，取代生硬刻板的说教灌输模式，让孩子们在轻松愉悦的参与中达到激荡脑力、激发思维潜能的训练效果，完成大脑思维的一大飞跃。值得注意的是，书中许多问题的答案并不唯一，希望孩子们开动脑筋找到更多可能。

衷心希望每一个孩子，都能从此书中获得启示和收益。

目录 contents

第一章　观察能力训练题

第二章　分析能力训练题

第三章　记忆能力训练题

第四章　想象能力训练题

第五章　创新能力训练题

第六章　逻辑能力训练题

第七章　思考能力训练题

第八章　逆向思维训练题

第九章 推理能力训练题

第十章 判断能力训练题

第十一章 演算能力训练题

第十二章　空间能力训练题

第十三章　行动能力训练题

第十四章　反应能力训练题

第十五章　变通能力训练题

第十六章　转换能力训练题

第十七章　语言能力训练题

第十八章　整合能力训练题

第一章

观察能力训练题

1. 绳子打结

图中有四根绳子，在绳子的两端用力拉，除了一根，其他三根都打不成结，请问哪一根能打成结？

A

B

C

D

2. 钟表延续

下面图中，哪个是图中钟表的延续？

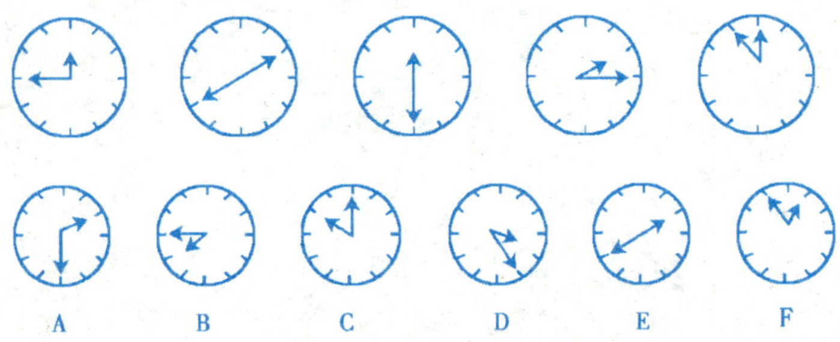

3. 巧算最大和

有两组数字，分别为：

第一组：9 1 2 3 4 5 6 7 8

第二组：8 9 5 3 7 4 6 2 1

你能否一眼就看出哪一组数字之和大？

4.解放小木棍

我们清理物品时，通常需要找到一个线索，然后慢慢清理，现在你需要清理一堆散乱的木棍，最好的清理方案已经给出：只能拿走上面没有其他木棍的一根，木棍摆放的大体情况如图所示。现在，你需要设计一个顺序将它们一一拿开。

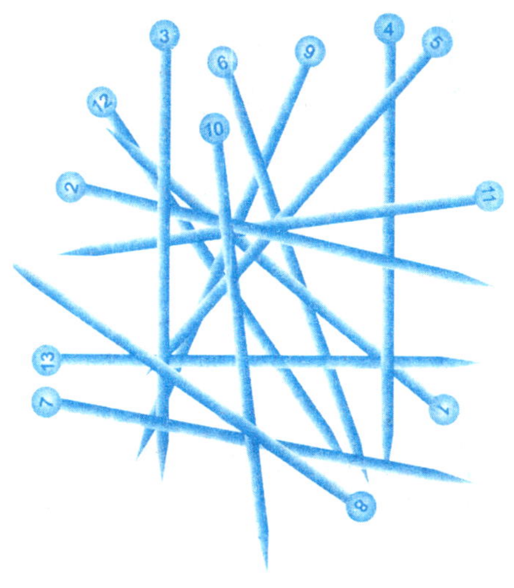

5. 巧画等距点

下图是一张形状很不规则的纸，要求你在纸的同一个面上画四个点，四个点都要保持较大距离。在不用任何东西测量的情况下，你能使其中两点的距离与另外两点的距离完全相等吗？

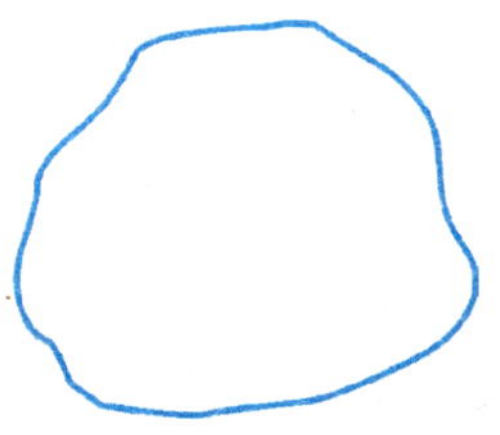

6. 相同图案

这里有五个图案，其中有哪几个与小方格内的图案是相同的？把它们找出来。

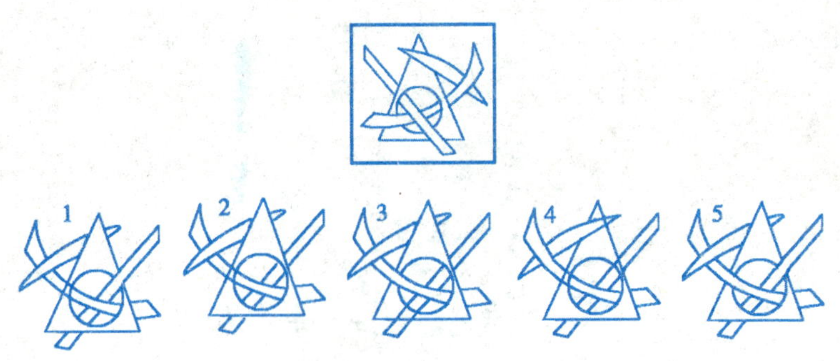

7. 涂哪取胜

两人轮流在下图中涂色，已经涂过的地方及其相邻的地方就不能再涂。例如，甲先涂a，乙涂e，甲就再没有可涂的地方了，甲就输了。如果先涂者想取胜，应该先涂哪一块？

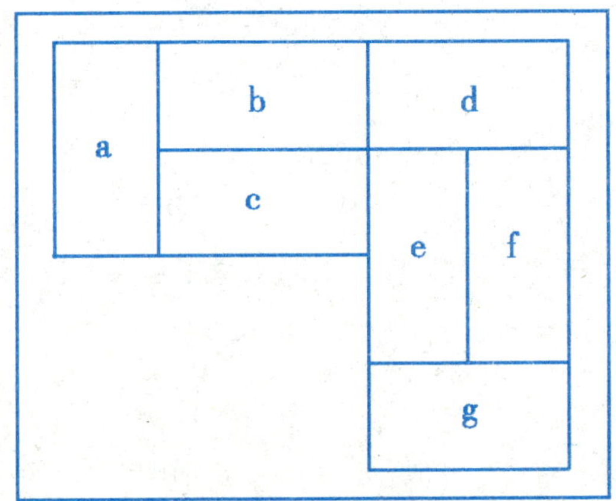

8. 几个正方形

如图所示，16个点能围成几个正方形？

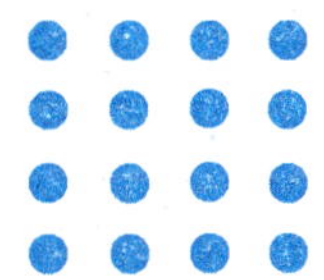

9. 奇怪的钟表

帆帆的爸爸喜欢收藏一些稀奇古怪的东西。有一次，帆帆进爸爸的书房，看到桌上的时钟显示12点11分。20分钟后，他到爸爸的书房去，却看到先前的时钟显示11点51分。帆帆觉得很奇怪，40分钟后他又去看了一次时钟，发现它这一次显示12点51分。这段时间没有人去碰时钟，房间里也只有这个时钟，爸爸又是用这个时钟在看时间，究竟是怎么回事呢？

10. 俯视布篷

四张布篷安在这个支架上。从它的正上方俯视，将看到什么图案？

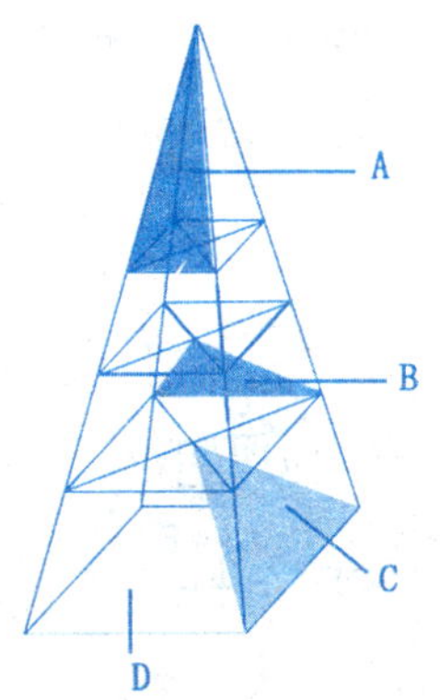

11. 填数字

根据规律，填数字完成谜题。

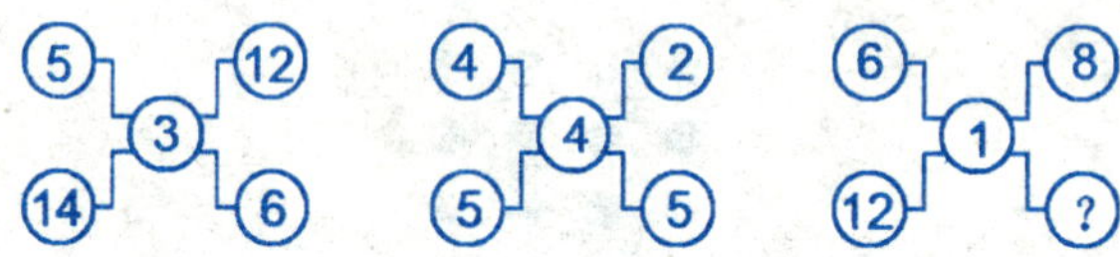

12. 一挥而就

试试你能否毫不间断地一笔画出这幅图形。

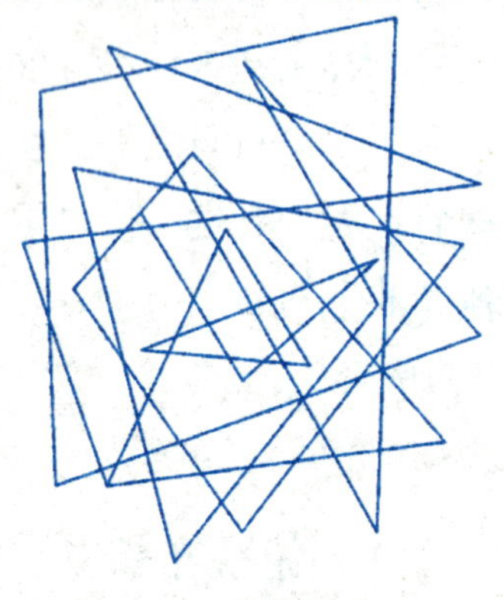

13. 胶卷

现有一卷写着数字0～20的胶卷，如右图所示请在胶卷上剪开两处，使被剪下来的部分上的数字之和为10，答案有多组，请尽量多地找出来。

14. 漆木块儿

有一个表面刷了油漆的长方体木块，长5厘米、宽4厘米、高3厘米，现欲将其切成边长为1厘米的正方体。能够切出多少个有两个面刷了漆的正方体？

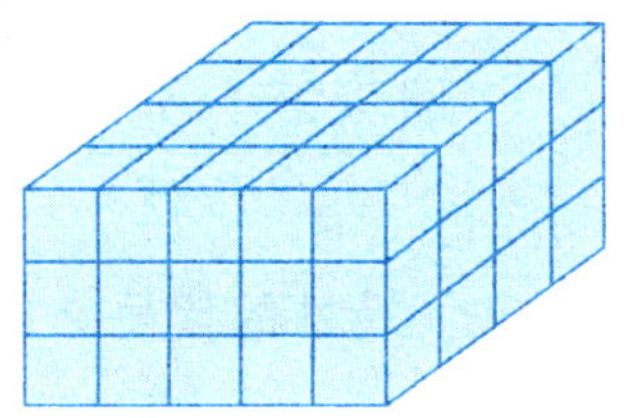

15. 经济路线

威尼斯是世界著名的水城，河网密布，行人出门大多坐船。由于各条河道上的船只种类不同，因此船费也不一样。下图中每条路线都标明了船费。如果从甲地走到乙地，要求选择一条最省钱的路线。你能将这条路线在图上标出，并算出最节省的船费是多少吗？

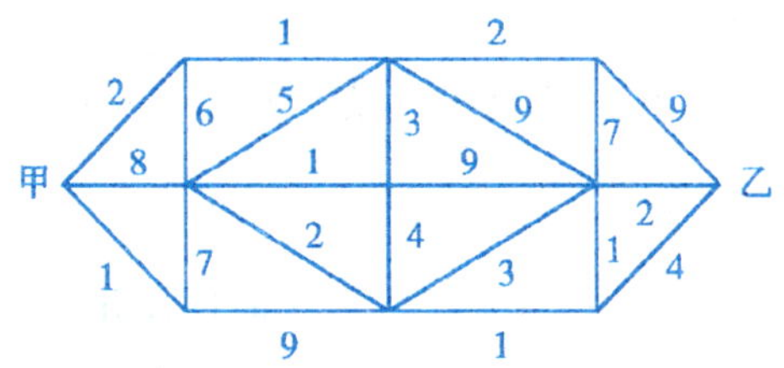

16. 象棋高手

小丙对丁说：“昨天我跟两位象棋高手甲、乙下棋。我面前摆着两副棋盘，我一个人走两盘棋，同时跟这两位高手比赛。你猜，谁胜谁负？”“准是你两盘都输了。”丁知道小丙刚学下象棋，连马步怎么走都记不住。“不对。头一回，两盘都是和棋。第二回，我输一盘，赢一盘。无论再下多少回。我也不会同时输两盘棋。”“你吹牛！”丁不信。

两位象棋高手出来证明：小丙没有吹牛，我们也没有让棋，是他采取巧妙的办法和我们下棋的。小丙用的是什么巧妙的办法？

17. 缺失的扑克牌

下图中，扑克牌被赋予了特殊的代号，想一想，哪张扑克牌替代问号后可以完成这道难题？

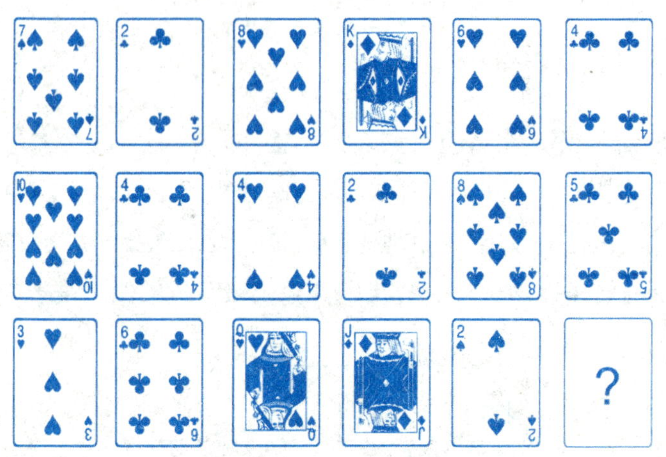

18. 聪明的士兵

如下图所示，这是一座俯视时呈正方形的城堡，堡主在每面都派了三个家兵日夜巡逻，自己在堡内每天都通过四面的窗口视察一下，看家兵是否忠于职守。这差事如此辛苦，十二个家兵叫苦不迭。为此他们想出一个办法，既可以节省人力，又可以让堡主视察时看到的仍是每面三人。他们是怎样做的？

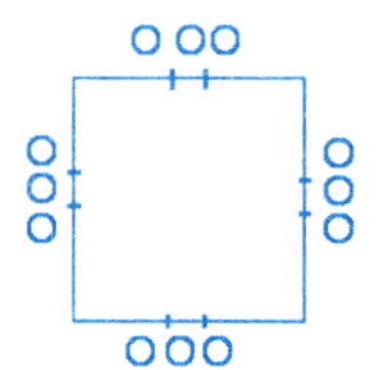

19. 十二边形分菱形

有两种简单而又自然的方法可以把正十二边形分割成若干个菱形。其中一种已经画在右边，请问另一种可以怎样分割呢？两幅图之间有什么规律可循呢？

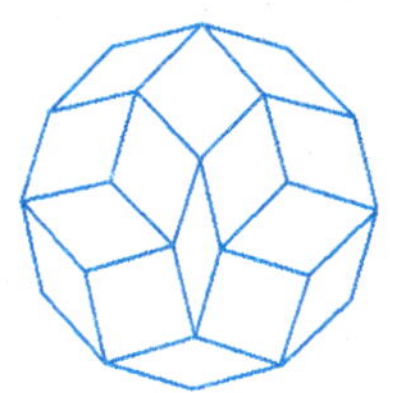

20. 雏菊螺线

在你的印象当中，你见过几种数列呢？下面这个数列是著名斐波那契数列的开头部分。公元12世纪，意大利数学家莱昂那多·斐波那契发现了这组数列。

斐波那契通过艰苦的研究发现，在这个世界到处都存在这个数列。雏菊、向日葵以及鹦鹉螺的生长模式都遵循由该数列描绘的螺线。

请观察这个数列，填出下一个数字。

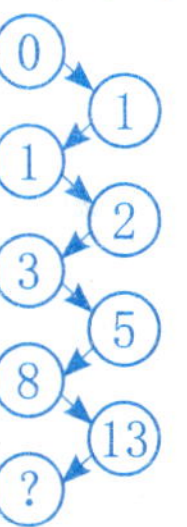

21. 滑轮系统

下面这些系统都是平衡的，请问最后一个系统右边盒子里的重量是多少才能使得两边平衡？

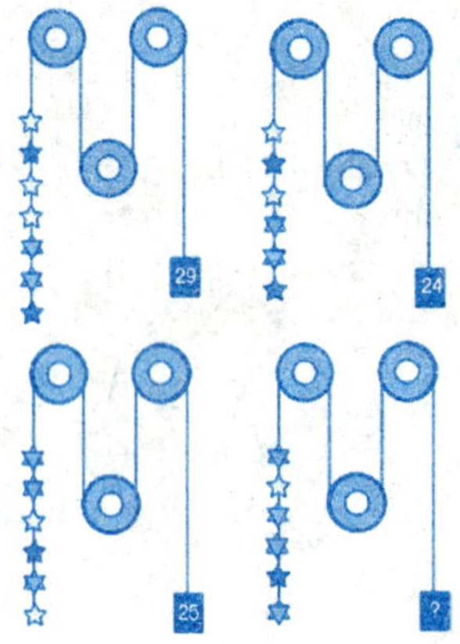

22. 缺少几块砖

如下图所示，这面墙一共少了多少块砖？

23. 宇宙飞船

这艘飞船正从月球飞回地球。下图就是指挥舰的平面图。伯肯舰长每个小时都会巡视飞船。他将检查从A—M的每一个走廊，而且只检查一次，但是通过走廊N的次数不限。同时，进入四个指挥中心（1号，2号，3号和4号）的次数也不受限制。最后，他总是在1号指挥中心结束检查。请你把舰长的检查路线展示出来（起点可以从任意指挥中心开始）。

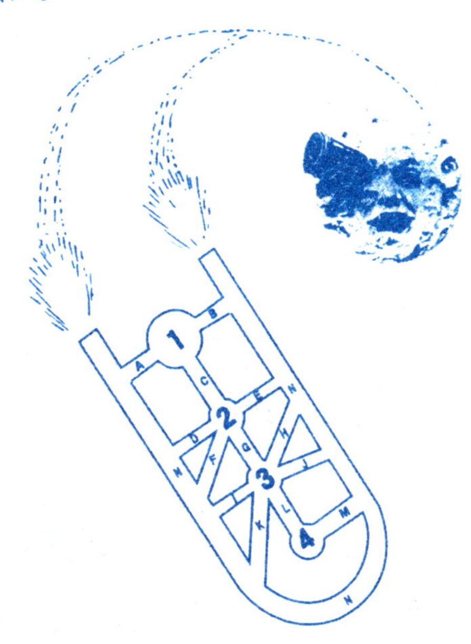

24. 巧探陷阱

下图是一张陷阱图，黑点表示陷阱。士兵一口气查看了地图。他从有星形记号的方格出发，一格一格地走，把有陷阱的和空白的方格全走到了，并且一次也没有回到已经走过的方格中去。他也没有对角走，也没有到过斜线表示的水沟的方格中。他转完一圈，仍回到出发时的那块方格中。你知道他是怎么走的吗？

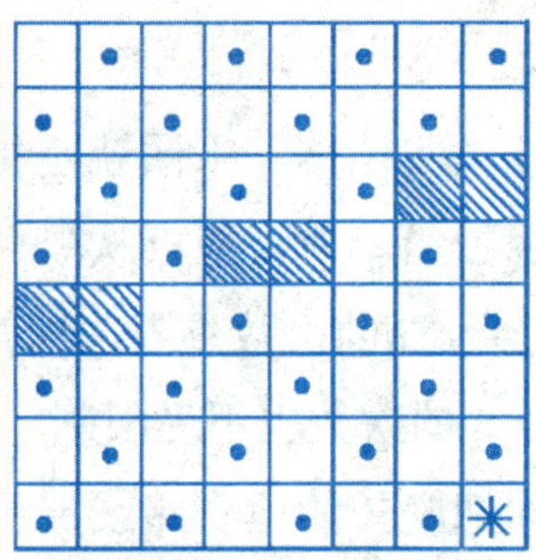

25. 走出汉堡顿球场

英国伦敦泰晤士河畔旧王宫的汉堡顿球场是世界上著名的迷宫之一（下图所示），你如何从入场口走到球场中心？

第二章

分析能力训练题

1. 聪明的海盗

一艘海盗船上有600人，因为暴风雨肆虐，船出了问题。于是首领下令减少船上的人数，每次报到奇数的人都被扔下海。有一个聪明的海盗站在了一个最安全的位置上，你知道他站在哪里吗？

2. 仓库管理员

甲、乙、丙三个人看管三个仓库，每个仓库门上都有两把钥匙。请问：如何安排仓库的钥匙才能保证甲、乙、丙三个人随时都能进入每个仓库？

3. 紧急情报

游击队员要给队长送紧急情报，必须经过一座桥。桥的中间有一个岗亭，里面有一名敌人的哨兵负责禁止行人过桥。一个人最快也要走7分钟才能过桥，哨兵每隔5分钟就出来巡视一次，一见有人过桥，就把人赶回去。你帮着想想，游击队员怎样才能过桥呢？

4. 巧过小桥

小华一家五口晚上要过一座桥，因为是黑夜，所以必须手上拿着蜡烛。现在知道小华过桥要1秒，小华的弟弟要3秒，小华的爸爸要6秒，小华的妈妈要8秒，小华的爷爷要12秒。桥每次最多可承受

两个人，而过桥的速度依过桥最慢者而定，而且只有一根蜡烛，蜡烛在点燃后30秒就会熄灭，问小华一家如何过桥？

5. 自恃聪明

一个被警察追踪多年的盗墓者突然有一天前来自首。他声称他偷来的100块法老壁画被他的二十五个手下偷走了。这些人中最少的偷走1块，最多的偷了9块。而这二十五人各自偷了多少块壁画，他说他也记不清了，但可以肯定的是，他们都偷走了单数块壁画，没人偷走双数块。他给警方提供了二十五个人的名字，条件是不能判他的刑。警察答应了。但当天下午，警长就下令将自首的盗墓者抓起来。猜猜为什么？

6. 沙漠卖水

有一个用大皮囊装着25升水的商人，行经沙漠时，碰到一位要买19升水的客人和一个要买12升水的客人。商人的水不够同时卖给两人，只能卖给其中一人，而且他希望在这酷热的沙漠中，尽快结束交易。假设商人从皮囊中倒出1升的水需要10秒，那么他会卖给哪位客人呢？

7. 点餐风波

四个好朋友前往一家西餐厅用餐，他们选了个圆桌，依A、B、C、D的顺序坐下，并在看过菜单之后，彼此连续点了主菜、汤

及饮料。

在主菜方面，李先生点了一份鸡排，连先生点了一份羊排，而坐在B位置的人则点了一份猪排；在汤方面，萧先生及坐在B位置的人都点了玉米浓汤，李先生点了洋葱汤，另一人则点了罗宋汤。至于饮料方面，萧先生点了热红茶，李先生和连先生点了冰咖啡，而另一个人则点了果汁。

当大伙儿点完之后，这才发现：邻座的人都点了不一样的东西。如果李先生是坐在A的位置，试问，坐在哪个位置的先生点了牛排？

8. 飞机事件

已知：有N架一样的飞机停靠在同一个机场，每架飞机都只有一个油箱，每箱油可使飞机绕地球飞半圈。注意：天空没有加油站，飞机之间可以相互加油。

如果使某一架飞机平安地绕地球飞一圈，并安全地回到起飞时的机场，问：至少需要出动几架飞机？

注：路途中间没有飞机场，每架飞机都必须安全返回起飞时的机场，不许中途降落。

9. 最大的钻石

在某大楼里，从一楼到十楼，每层楼的电梯门口都会放着一颗钻石，但大小不一。有一个女人在一楼乘电梯到十楼，每到一层楼，电梯的门都会打开一次。从头至尾，这个女人只能拿一次钻石，她怎样才能拿到最大的一颗？

10. 赛马

有甲、乙、丙、丁四匹马赛跑，它们共进行了4次比赛。结果是甲快乙3次，乙又快丙3次，丙又快丁3次。很多人会以为，丁跑得最慢，但事实上，丁却快甲3次，这看似矛盾的结果可能发生吗？

11. 秘密情报

某军司令部截获一份秘密情报。经过初步破译得知：下月初，敌军的三个师将分东西两路再次发动进攻。从东路进攻的部队人数为“ETWQ”，从西路进攻的部队人数为“FEFQ”，东西两路总兵力为“AWQQQ”，但到底是多少却无从得知。你能破译这个密码吗？

12. 牧童与强盗

从前有个牧童进山采药。刚进山口，突然被三个强盗拦住。强盗拿着一块牌子，上面写着：“我们三人有一人专说谎话，一人专说真话，还有一个一半说谎话一半说真话。路人问一个内容是一样的问题，我们只回答用‘是’或‘不’。只有你能分清我们三人各是什么人时，你才能过去，否则你将被杀死！”

13. 按时归队

有三个士兵请假出去玩，按照规定他们必须在晚上11点之前赶回去。但他们玩得太高兴了，以至于忘记了时间。当他们发现的时候，已经是10点零8分，这时他们离兵营有10公里的距离。如果跑着回去需要1小时30分，如果骑自行车回去需要30分钟。但他们只有一辆自行车，并且自行车只能带上一个人，所以必须有一个人要跑。那么，他们能及时赶回去吗？

14. 元旦趣事

两个远航归来的人见面了。

甲说："我年前离开上海，向东航行。当我到美国旧金山的时候，已经是年后数天了。我是在海上度过新年的，有趣的是，我连续过了两个元旦。"

乙说："我和你航线一样，只是方向相反，当我到上海的时候，也是年后几天，我竟没有赶上过元旦，真遗憾！"

请想一想，他俩说得对吗？为什么？

15. 游玩组合

有九个人一起去游玩，这九个人中有三个成年女性张、王、李，两个成年男性赵、郑和四个孩子帆、林、波、峰。在游玩时，总共有九个座位，但这九个座位分别放在娱乐场的三个不同的位置，三个座位一组互相毗邻。为了保证游玩的质量，九个人必须根据以下条件分为三组。

（1）性别相同的成年人不能在一组。

（2）帆不能在张那一组。

（3）林必须同王或赵同组，或者同时与王、赵同组。

问题：

（1）如果张是某组的唯一的大人，那么她所在组的其他两个成员必须是：

A. 帆和林

B. 帆和波

C. 林和波

D. 林和峰

E. 波和峰

（2）如果张和赵是第一组的两个成员，那么谁将分别在第二组和第三组？

A. 王、李、帆；郑、波，峰。

B. 王、帆、峰；李、郑、林。

C. 王、林、波；李、帆、峰。

D. 李、郑、帆；王、波、峰。

E. 帆、林、波；王、郑、峰。

（3）下列哪两个人能与帆同一组？

A. 张和波

B. 王和赵

C. 王和郑

D. 赵和郑

E. 林和峰

（4）下列哪一个断定一定是对的？

A. 有一个成年妇女跟两个孩子同一组

B. 有一个成年男人跟帆同一组

C. 张和一个成年男人同组

D. 李那一组只有一个孩子

E. 有一个组没有孩子

（5）如果李、波和峰同一组，那么下列哪些人是另一组成员？

A. 张、王、郑

B. 张、赵、帆

C. 王、赵、帆

D. 王、郑、帆

E. 赵、郑、林

16. 小和尚下山

曾经有座山，山上有座庙，只有一条路可以从山上到山下。每周一早上8点，都有一个聪明的小和尚去山下化缘，周二早上8点从山脚回山上的庙里。注意：小和尚上下山的速度是任意的，但是在每个往返中，他总是能在周一和周二的同一钟点到达山路上的同一点。例如，有一次他发现星期一的9点和星期二的9点他都到了山路靠山脚的地方。请问这是为什么？

17. 谁是凶手

小甜和小蜜幸福地生活在一所豪宅里。她们既不参加社交活动，也没有与人结怨。有一天，女仆安卡歇斯底里地跑来告诉李管家，说她们倒在卧室的地板上死了。李管家迅速与安卡来到卧室，发现正如安卡所描述的那样，两具尸体一动不动地躺在地板上。

李管家发现房间里没有任何暴力的迹象，尸体上也没有留下任何印记。凶手似乎也不是破门而入的，因为除了地板上有一些破碎的玻璃，没有其他迹象可以证明这一点。李管家排除了自杀的可能；中毒也是不可能的，因为晚餐是他亲自准备、亲自伺候的。李管家再次仔细地弯身检查了一下尸体，仍是没有发现死因，但注意到地毯湿了。

请问：小甜和小蜜是怎么死的呢！究竟谁杀了她们？

18. 真假难辨

奥林匹克运动会结束后，下面这五个人在进行议论。他们中有一个是讲真话的南区人，一个是讲假话的北区人，一个是既讲真话又讲假话的中区人，还有两个是局外人，他们每个人要么就先说两句真话，再说一句假话；要么就先说两句假话，再说一句真话。请看以下他们的陈述：

A.（1）如果运动员都可以围腰布，那我也能参加。

（2）B一定不是南区人。

（3）D没能赢得金牌。

（4）C如果不是因为有晒斑，也能拿到金牌。

B.（1）E赢得了银牌。

（2）C第一句话说的是假的。

（3）C没能赢得奖牌。

（4）E如果不是中区人就是局外人。

C.（1）我不是中区人。

（2）我就算没有晒斑也赢不了金牌。

（3）B的铜牌没有拿到。

（4）B属于南区人。

D.（1）我赢得了金牌。

（2）B的铜牌没有拿到。

（3）假如运动员都能围腰布，A本来会参加。

（4）C不属于北区人。

E.（1）我得了金牌。

（2）C就算没有晒斑，也拿不到金牌。

（3）我并不是南区人。

（4）假如运动员都能围腰布，A本来会参加。

那么，谁是南区人，谁是北区人，谁是中区人，哪两个是局外人，谁得了奖牌呢？

19. 推断生日

小明和小强都是张老师的学生，张老师的生日是M月N日，两人都知道张老师的生日是下列十组中的一天，张老师把M值告诉了小明，把N值告诉了小强，张老师问他们知道他的生日是哪一天吗？

3月4日　3月5日　3月8日

6月4日　6月7日

9月1日　9月5日

12月1日　12月2日　12月8日

小明说："如果我不知道的话，小强肯定也不知道。"

小强说："本来我不知道，但是现在我知道了。"

小明说："哦，那我也知道了。"

请根据以上对话推断出张老师的生日是哪一天？

20. 黑白帽子

新年party上，老师同学欢聚一堂，一起做游戏。老师把灯关掉，给每一个人都发一顶帽子戴上，并告诉大家这些帽子有的是黑色的，有的是白色的，白帽子至少有一顶。游戏规则是：所有人不能交谈，不能取下自己的帽子看颜色。如果谁判断出自己的帽子颜色是白色的话，就拍一下掌。

游戏开始了。灯亮第一次时，所有人看了一圈，没有人拍掌。然后灯熄灭了。过了几秒钟，灯又亮了一会儿，还是没有人拍掌。然后灯又熄灭了。这样，直到第四次熄了灯之后，才听见一阵拍掌声。那么，有多少人戴着白帽子呢？

21. 足球赛

公元3000年，国际足联为了鼓励足球比赛中球员进更多的球，试行了新的竞赛规则，即赢一场球得10分，平局各得5分，不论输赢踢进一球即得1分。在一次实行循环制的国际足球邀请赛中，几场比赛过后各队的得分如下：中国队：3分，意大利队：7分，巴西队：21分，请问每场比赛的比分是多少？

22. 虎毒不食子

有三对母子老虎（所有的母老虎都会划船，三只小老虎中只有一只会划船）和一条船（一次只能载两只）。

三只母老虎不吃自己的孩子，但只要另外的两只小老虎没有其母亲守护，就会被吃掉。怎样才能让六只老虎安全地过河？

23. 称量药丸

你有四个装药丸的罐子，每个药丸都有一定的重量，被污染的药丸是没被污染的重量+1。只称量一次，如何判断哪个罐子的药被污染了？

24. 谁家养鱼

前提：

（1）有五栋五种颜色的房子。

（2）每一位房子的主人国籍都不同。

（3）这五个人每人只喝一种饮料，只抽一种牌子的香烟，只养一种宠物。

（4）没有人有相同的宠物，抽相同牌子的香烟，喝相同的饮料。

提示：

（1）英国人住在红房子里。

（2）瑞典人养了一条狗。

（3）丹麦人喝茶。

（4）绿房子在白房子左边。

（5）绿房子主人喝咖啡。

（6）抽Pall Mall烟的人养了一只鸟。

（7）黄房子主人抽Dunhill烟。

（8）住在中间那间房子的人喝牛奶。

（9）挪威人住第一间房子。

（10）抽混合烟的人住在养猫人的旁边。

（11）养马人住在抽Dunhill烟的人旁边。

（12）抽Blue Master烟的人喝啤酒。

（13）德国人抽Price烟。

（14）挪威人住在蓝房子旁边。

（15）抽混合烟的人的邻居喝矿泉水。

问题是：谁养鱼？

25. 存活概率

一条船上有五个囚犯，分别被编为1、2、3、4、5号，他们分别要在装有100颗黄豆的麻袋里抓黄豆，每人至少要抓一颗，抓得最多和最少的人都将被扔下海去。他们五个人在抓豆子的时候不能说话，但在抓的时候，可以摸剩下的豆子数。问他们中谁的存活概率最大？

提示：

（1）他们都是很聪明的人。

（2）他们先求保命，然后再考虑去多杀人。

（3）100颗黄豆不需要全部都分完。

（4）若出现两人或多人有一样的豆子，则也算最大或最小，一并丢下海去。

26. 海盗分金币

在美国，据说20分钟内能回答出这道题的人，平均年薪在8万美金以上。

五个海盗抢得100枚金币后，讨论如何进行公正分配。他们商定的分配原则是：

（1）抽签确定各人的分配顺序号码（1、2、3、4、5）。

（2）由抽到1号签的海盗提出分配方案，然后五人进行表决，如果方案得到超过半数的人同意，就按照他的方案进行分配，否则就将1号扔进大海喂鲨鱼。

（3）如果1号被扔进大海，则由2号提出分配方案，然后由剩余的四人进行表决，当且仅当超过半数的人同意时，才会按照他的方案进行分配，否则也将被扔入大海。

（4）依此类推。

这里假设每一个海盗都是绝顶聪明且理性，他们都能够进行严密的逻辑推理，并能很理智地判断自身的得失，即能够在保住性命的前提下得到最多的金币。同时还假设每一轮表决后的结果都能顺利得到执行，那么抽到1号的海盗应该提出怎样的分配方案才能使自己既不被扔进海里，又可以得到更多的金币呢？

27. 几条病狗

一个村子里一共有50户人家，每家每户都养了一条狗。村民委员会主任说村里面有病狗，然后就让每户人家都可以查看其他人家的狗是不是病狗，但是不准检查自己家的狗是不是病狗。这些人如果推断出自家的狗是病狗的话，就必须自己把自家的狗枪毙了，但是在看到别人家的狗是病狗的时候不准告诉别人，也没有权力枪毙别人家的狗。然后，第一天没有听到枪声，第二天也没有，第三天却传来了一阵枪声。

请问：这个村子里一共有几条病狗，请说明理由？

第三章

记忆能力训练题

1. 寻找图形

认真观察第一组图，然后将其遮住，根据记忆从A、B、C、D中选出第二组图中缺失的图形。

2. 手势回忆

两人一组，A首先认真看B做五个手势。看的时候只能认真看不能跟着做。在B把五个手势做完后，让A按顺序重复做出来。

手势1：双手各伸出中指和食指。

手势2：双手各伸出小指。

手势3：双手各伸出五个手指。

手势4：双手各伸出大拇指。

手势5：双手握拳。

第一遍做完后，可以再把手势的顺序倒着做一遍，即第五个手势变成第一个，第一个手势变成第五个。看谁的记忆力更好，做得又快又准确。

3. 选择记忆

两个人一组，A依次念下列每组中的数字和汉字，每隔1秒钟念一个。A每念完一组，要求B只把数字按顺序念出来，而不能念汉字。例如，A念：“家——4——水——3——风。”B念：“4——3。”

第一组：家——4——水——3——风。

第二组：快——走——7——军。

第三组：开——8——寸——5——电——6。

第四组：表——2——多——5——饮——3。

第五组：好——3——坏——9——东——6——手——2。

第六组：嘴——2——书——1——笔——4——飞——9。

4. 图形组合

请问如下图所示的平面图可以折叠成A、B、C、D中哪一个立方体？

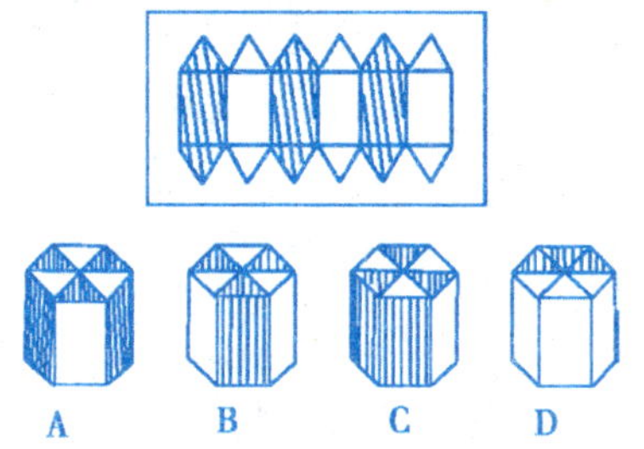

5. 寻找物品

在桌上摆放一列物品，如手表、橡皮、铅笔、水杯、糖块、火柴棒、书、剪刀、积木、钥匙、报纸等，让你的同伴观察1分钟后说出每个物品的名称。1分钟后，遮住同伴的眼睛，拿走铅笔、糖块、剪刀，然后让他看一看，说出少了哪些物品。

6. 过目不忘

请仔细观察下列十幅图，研究图像中的人物、名字和职业，然后用纸盖住图像下的名字和工作，由自己重新写出来，看看自己是不是“过目不忘”。

7. 车停了几站

一辆载着16名乘客的公共汽车驶进车站，这时有4人下车，又上来4人；在下一站上来10人，下去4人；在下一站下去11人，上来6人；在下一站下去4人，只上来4人；在下一站又下去8人，上来15人。

公共汽车继续往前开，到了一站下去6人，上来7人；在下一站下去5人，没有人上来；在下一站只下去1人，又上来8人。

请问该公交车共停了几站？

8. 速记提升

请在5分钟内按顺序记忆下列词语：

桌子、云朵、坦克、铅笔、大树、看戏、开水、气球、母牛、说话、自习、武术、百货大楼、公路、怪物、房间、大炮、校园、美国、暖气。

9. 复述数字

以下是一组数字，请朋友协助你共同做这个游戏。让他以正常说话的速度念一遍，然后你跟着复述，按次序一排排念出来，看看到第几排你无法顺利地说出。

5

36

985

8 134

03 865

173 940

8 377 291

34 820 842

649 320 048

9 385 726 283

83 721 547 497

932 624 499 284

4 872 058 713 339

93 810 492 248 113

837 295 720 488 820

9 285 720 683 004 826

59 275 028 148 532 811

10. 图形再现

观察2分钟左图，请在你认过的图形上打“√”（右图）。

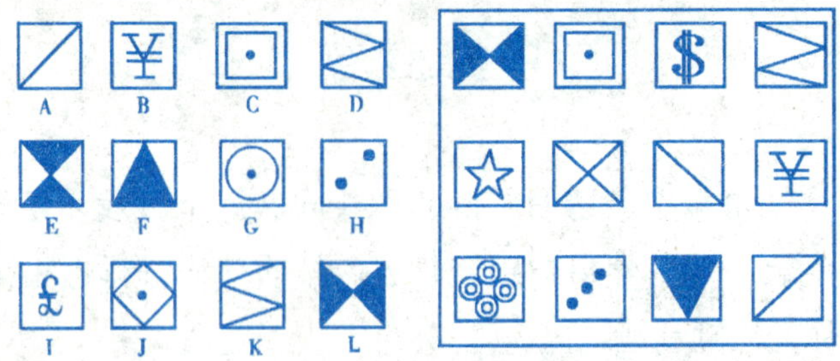

图形的最外层图形均是正方形，没有规律可言，这时我们可以将里层图形分类，即B和I；C、G和J；D和K；E和L；A、F和H，然后分别记忆，这样就会最准确、最迅速。不信，你可以试一试。

11. 回忆选图

仔细观察第一组图形后，盖住图形，回忆、思考一下，并选出第二组图形中问号处应出现的图形。

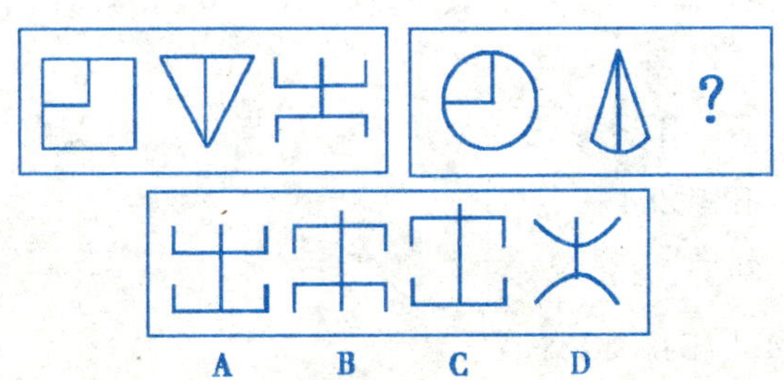

第四章

想象能力训练题

1. 宝石的轨迹

（1）把轮子放在一个平面上（如图一），轮子边缘有一颗宝石。使轮子在平面上滚动，画出宝石在轮子滚动时留下的轨迹。

图一

（2）让轮子在大铁圈内侧滚动（如图二），画出宝石在轮子滚动时留下的轨迹。

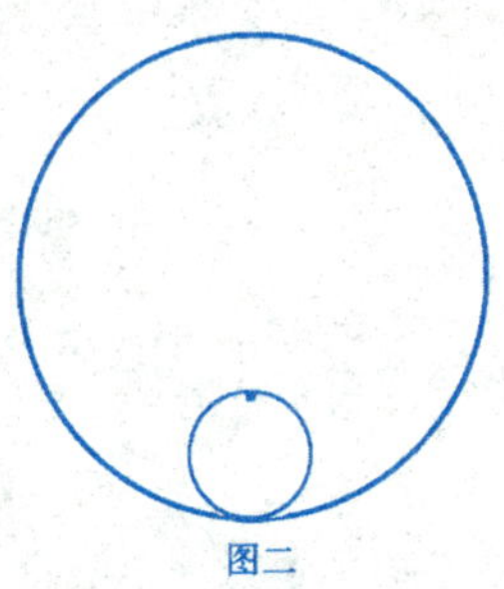

图二

2. 翻动的积木

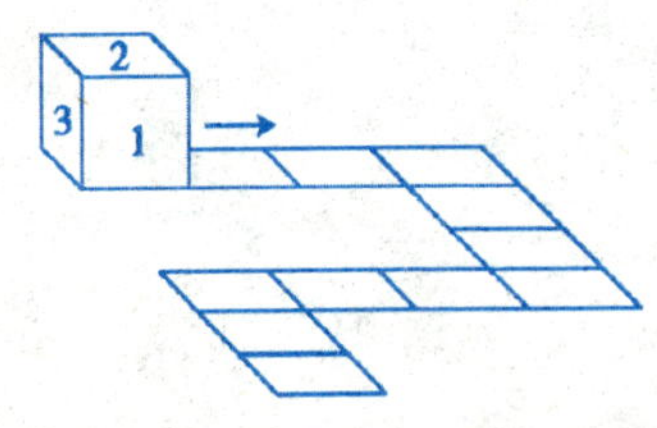

如图是一块正方形的积木，积木的各个面上分别标着1～6的六个数字。1的对面是6，2的对面是5，3的对面是4。沿着箭头的方向翻动，最后朝上的一面是几？

3. 表针重合

在一天的24小时之中，时钟的时针、分针和秒针完全重叠在一

起的时候有几次？都分别是什么时间？你怎样算出来的？

4. 生日蛋糕

生日时，我们常常要切蛋糕吃，现在有一块大蛋糕，要想3刀把它切成形状相同、大小一样的8块，而且不许变换蛋糕的位置，该怎么切？

5. 盲人取袜

有两位盲人，他们都各自买了两双黑袜和白袜，八双袜子的布质，大小完全相同，而每双袜子都有一张商标纸连着。两位盲人一不小心将八双袜子混在一起。他们每人怎样才能取回自己的两双黑袜和白袜呢？

6. 巧建碉堡

在游戏场地布置一个模拟城市分布图（如右图所示），圆圈代表35个城市，线条代表公路，相邻的两个城市之间的公路长为5千米。现在要在一些城市建防御碉堡，使得每个城市与最近的防御碉堡的距离不大于5千米，应该怎样布置？

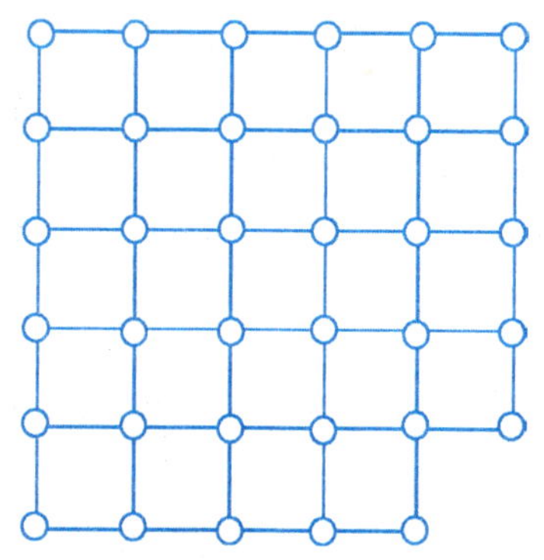

7. 纸环想象

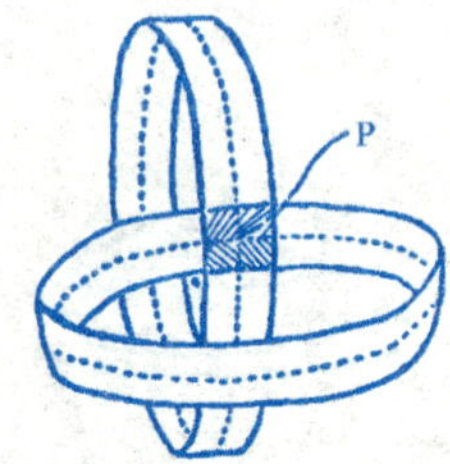

用两条宽度和长度相同的纸带做两个圆圈。把这两个圆圈在P处相互粘在一起，然后沿虚线剪下来（如左图所示）。请问剪下来的形状是什么样子？

8. 硬币转转转

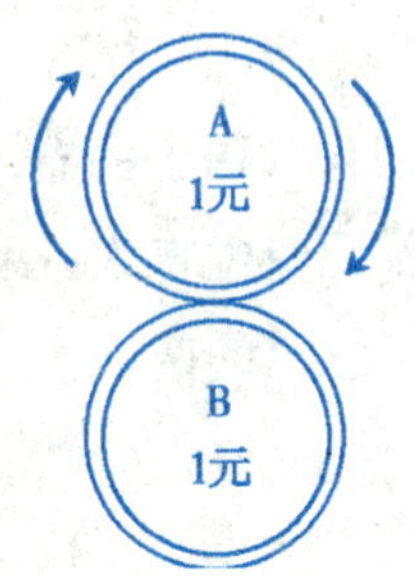

如左图所示，两枚同面值的硬币紧挨在一起。硬币B固定不动，硬币A的边缘紧贴B并围绕着B旋转。当A围绕着B旋转一周回到原来的位置时，它围绕着自己的中心旋转了几个360度？

9. 独立空间

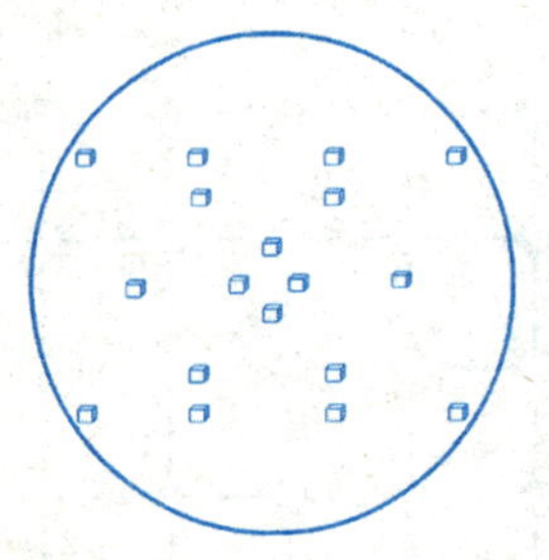

在一个圆圈内按右图的样子摆放十八个小纸盒，准备6根笔直的铁丝。请用6根笔直的铁丝（不能把铁丝弄弯）把这十八个小纸盒分开，即让每一个小纸盒有一块独立的地方。

10. 分割铜钱

如图所示，一枚铜钱上，对称地做了些标志符号。现需要将它

切割成大小、形状相同的四块，使每块都恰好带有一个小圆圈和一个三角形。

怎样切割才符合要求？

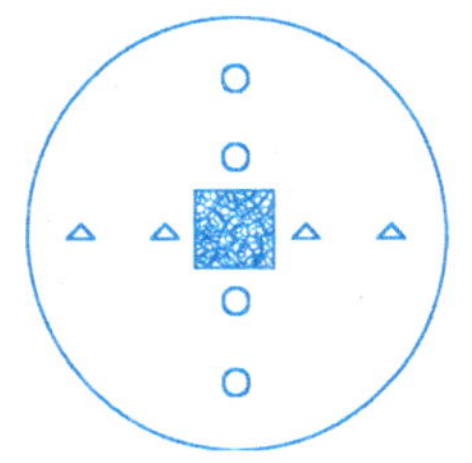

11. 火柴变形

将12根火柴按下图摆好。

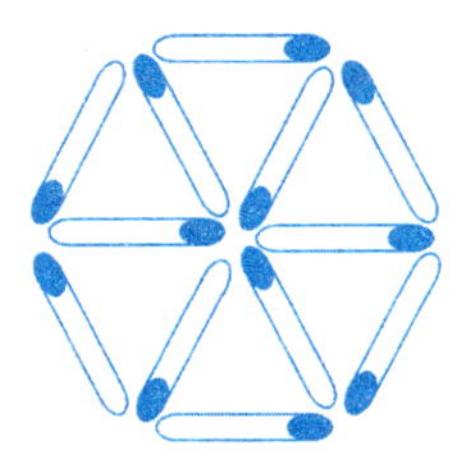

在12根火柴一定要成为各三角形的一条边的条件下：

（1）移动3根火柴，使其变成6个一样大小的平行四边形。

（2）移动2根火柴，组成5个正三角形；再移动2根火柴，组成4个正三角形；再移动2根火柴，组成3个正三角形。

12. 蜗牛回家

把四个立方体纸盒子堆成一个大立方体（如下图所示），并标上相应的符号。

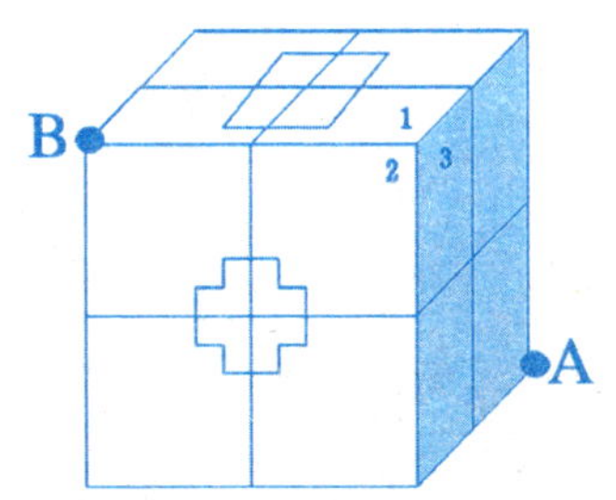

现在有一只小蜗牛在A处找到了食物，它要把食物搬回B处的家。因为食物比较重，小蜗牛想找一条最近的路线，可是它冥思苦想，怎么也想不出。你能帮助小蜗牛找到这条路线吗？

13. 小洞换位

小明找来一块如图所示的中央打了一个洞的木板。他想要变换洞的位置。请问应怎么办？

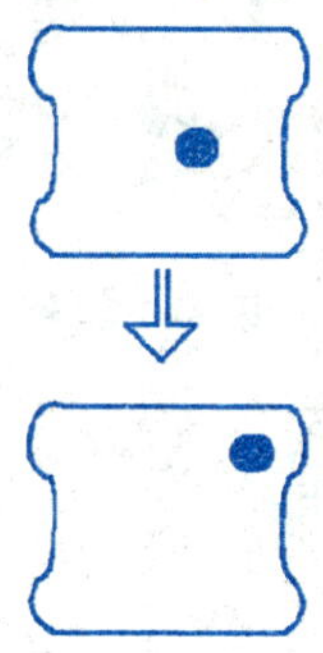

第五章

创新能力训练题

1. 神秘的耶鲁锁

这是一把耶鲁锁的横切面。锁栓的高度由钥匙的插入部分控制，看起来这是一把有五道保险的坚固的锁。但为什么把钥匙插进去了，却打不开呢？

2. 巧挂纸靴

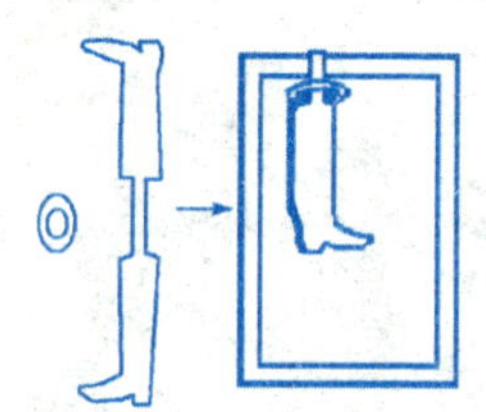

有一个方框和一双连在一起的纸靴，以及一个小圆环。圆环的内径比方框的边宽略大一些，而连接纸靴的纸条长度超过方框边宽的2倍（见左图）。想想看，怎样才能把纸靴和圆环套到方框上去（不可以把纸靴折细后从圆环内径穿过再套上去）？

3. 错综复杂

15个点均匀分布在圆周上，任意两点间都有线段相连，请判断其中共有多少条线段？

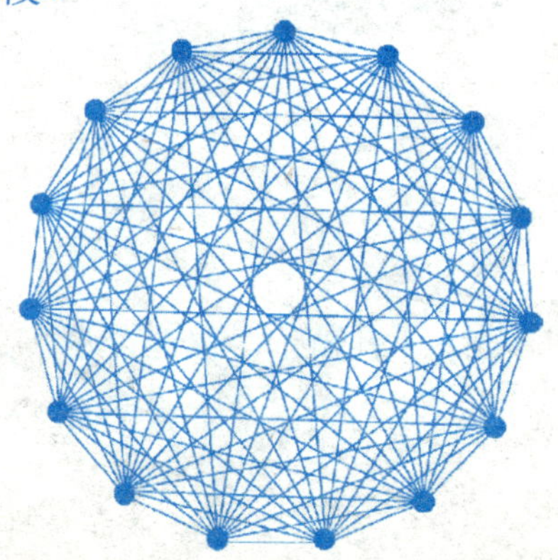

4. 巧移水杯

丽丽的妈妈是一位化验员。一天妈妈对在化验室玩的丽丽说："妈妈要考你一道题。你看，桌上摆着六只做化验用的玻璃杯，前面三只盛满了水，后面三只是空的。你能只动一只玻璃杯，就把盛满水的杯子和空杯子间隔起来吗？"爱动脑筋的丽丽，是学校里有名的"小机灵"，她只想了一会儿就做到了。请你想想看，"小机灵"是怎样做的？

5. 唯一的人

假设你是一家科幻小说杂志社的编辑，你读到一篇小说是这样开头的："The last man on earth sat alone in his room. Suddenly there was a knock at the door!"（地球上的最后一个人独自坐在他的房间里。突然，传来一阵敲门声！）请你改动第一句话里的一个单词，以强调在敲门声响起前，这个人是地球上唯一的人。

6. 巧置硬币

两人轮流将相同的硬币放在圆桌上。当桌子上不能再放上硬币而同时不遮住其他硬币时，将要放硬币的人就输了。你能否设计一个战略使得某个人总是赢，不管桌子有多大？

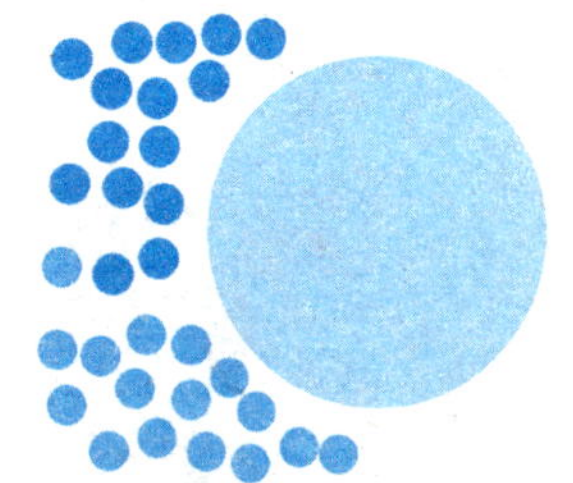

7. 花样台球

椭圆形桌面的一个焦点有一个台球，另一个焦点是一个球洞。台球和球洞之间有障碍物，问有没有可能把台球打进球洞？

8. 花坛边长

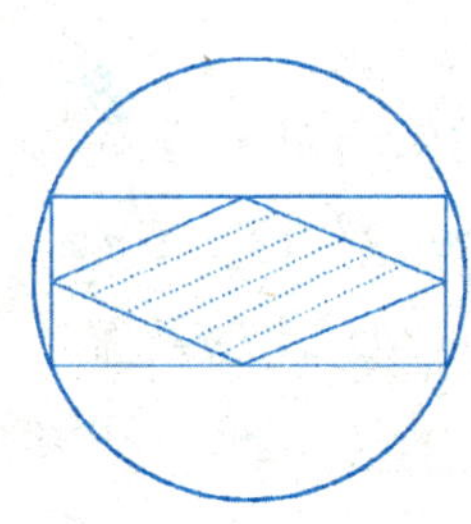

如左图所示，在一个直径为100米的圆形场地上，有一座长方形的草坪，其长边为80米。在长方形草坪内建有一座菱形的花坛，花坛的顶点正好位于长方形草坪各边的中点上。请问花坛的边长为几米？

9. “发现”单词

字母方阵里藏了一个神秘的单词。你能发现它吗？

R	V	E	O	V	C
S	I	O	V	R	D
V	E	R	C	V	O
R	O	V	E	S	E
E	R	S	C	R	I
C	E	R	E	O	R

10. 6＋5＝9

如下图所示，有6根火柴，请问，再加上5根，你能将它变成9吗？

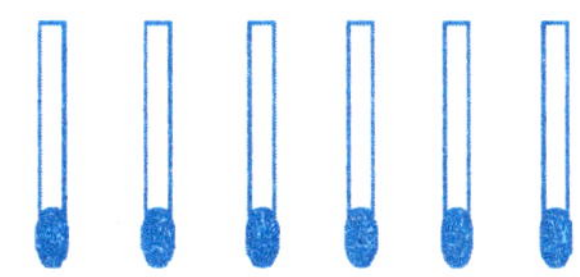

11. 巧取黑球

一段透明的两端开口的软塑料管内有11个大小相同的圆球，其中6个是白色的，5个是黑色的（如右图所示），整段塑料管的内径是均匀的，只能让一个球勉强通过。如果不先取出白球，又不切断塑料管，那么，你用什么办法才能将黑球取出来？

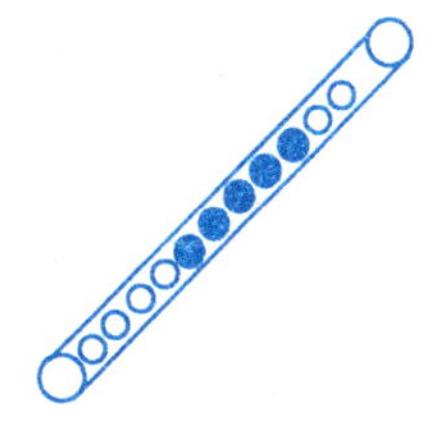

12. 巧数圆圈

跳棋盘上一共有多少个圆圈？

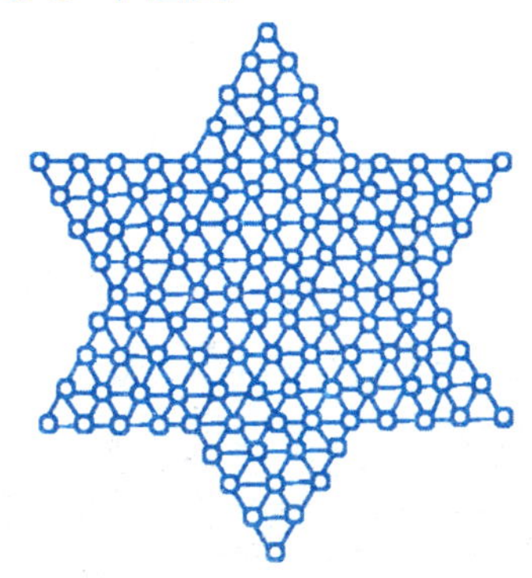

13. 3盏电灯

房间里只有3盏电灯，而开关却在隔壁房间里，每个开关只能控制1盏灯。你能不能只进入这两个房间各一次，就知道哪个开关控制哪盏灯？

14. 巧分七连环

7个圆环相连，如下图所示，若周一到周日，每天所拿环数要与日期相符，则至少要分割几次？

15. 砝码的妙用

天平是用来称量物体重量的，但用几个砝码可以在天平上称出从1克到40克的全部整克数的重量呢？经过验证，用四个砝码就可以了。请问应该用四个几克的砝码呢？

16. 吊在半空

当夜总会的侍者上班的时候，他听到顶楼传来了呼叫声。他奔到顶楼，发现管理员腰部束了一根绳子被吊在顶梁上。

管理员对侍者说：“快点把我放下来，去叫警察，我们被抢劫了。”管理员把经过情形告诉了警察，“昨夜停止营业以后，进来两个强盗把钱全抢走了。然后把我带到顶楼，用绳子将我吊在梁上。”警察对此深信不疑，因为顶楼房里空无一人，他无法把自己吊在那么高的梁上，那里也没有垫脚之物。有一部梯子曾被盗贼用过，但它却放在门外。

然而，没过几个星期，管理员却因偷盗而被抓了起来。你能否说明一下，没有任何人的帮助，管理员是怎样把自己吊在半空中的呢？

17. 百转千回

从进口A处走到B处，只准走10条直线，直线可以交叉；每个数字100要通过两次，其他数字只通过一次，也必须通过一次；碰到数字50时必须转换方向走。观察一下，看看应该怎样走？

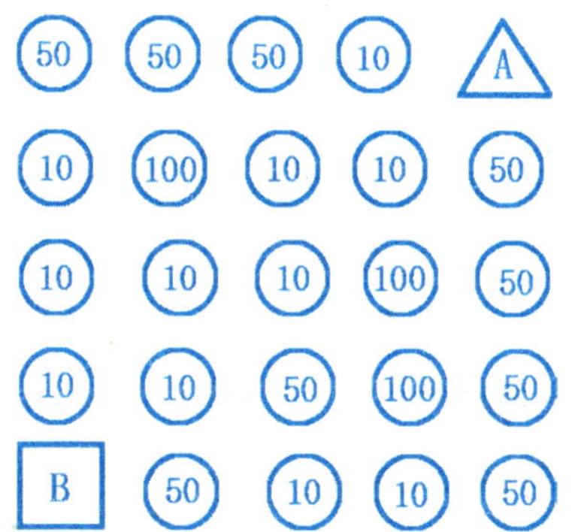

18. 非常任务

现在你有一盘水、一个烧杯、一个软木塞、一个大头针和一根火柴。你必须使所有的水都进入烧杯，但是不能把盛水的盘子端起来或者使之倾斜，也不能借助其他工具使水进入烧杯。你怎样来完成任务？

19. 升斗量水

一长方形的升斗，它的容积是1升。现在要求你只使用这个升斗，准确地量出0.5升的水。请问应该怎样办才能做到这一点呢？

20. 名片规格

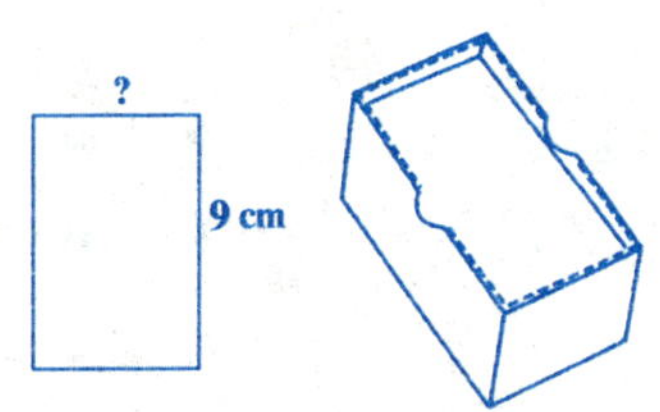

订购的名片做好了。现在只知道名片的长度是9厘米，在不使用任何工具的情况下，如何得知名片的宽度是多少呢？如左图所示，名片不能折也不能剪断。

21. 成语算式

下图两盏数字灯，适当数字巧填空。
使它竖行为成语，横行为数学等式。
喜庆佳日乐融融，请君舞笔将墨弄。

□ + □ − □ + □ + □ − □ + □ = 10

心 面 令 分 花 街 上 □

□ + □ − □ + □ + □ − □ − □ = 1

意 刀 申 裂 门 市 下 □

22. 巧用砝码

有7克、2克砝码各一个，天平一只，如何只用这些物品三次将140克的盐分成50克、90克各一份？

23. 仆人做工

一个人在一个大户人家里做仆人。大户人家的主人给仆人一根3尺长，宽厚均为1尺的木料，让仆人把这块木料做成木柱。仆人把这块木料放到秤上称了一下，知道这块木料重3千克，即将做成的木柱只重2千克。于是仆人从方木上砍去1立方尺的木材，但主人认为仆人这样做不合理。仆人该怎么向主人解释呢？

24. 布置花坛

一个摆好的花坛架上要放红色、黄色、蓝色和绿色的花，并要求：

（1）每种颜色的花至少有3盆。

（2）每盆绿色花都正好和3盆红色花相邻。

（3）每盆蓝色花都正好和2盆黄色花相邻。

（4）每盆黄色花都至少和1盆红色、绿色和蓝色花相邻。

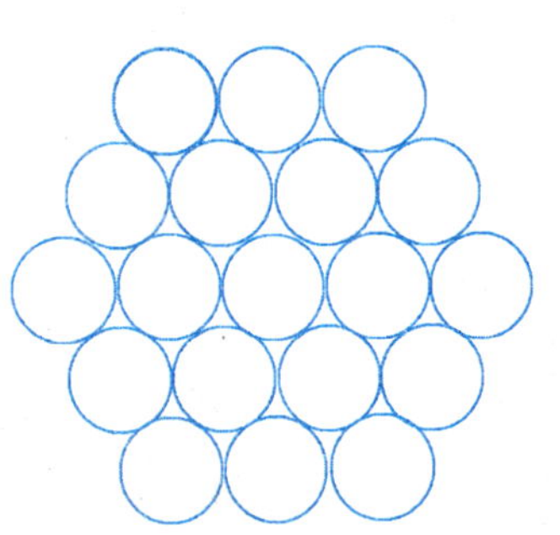

想一想该如何摆放呢？

25. 天降神兵

在古代的一次城市保卫战中，一位将军带领360名将士守护一座城池。这位将军将360名将士分派到四面城墙上，并使四周敌人都能看到每面城墙上有100名将士守卫。战斗异常激烈，守城将士不断阵亡，兵员逐渐减少至340、320、300、280、260、240、220名。但在这位将军的巧妙安排下，每面城墙上的守卫将士始终都能让敌人看到有100名。敌人以为他们有天神帮助，便惊慌地后撤了。这位将军是怎样巧妙安排的呢？

26. 燃绳问题

烧一根不均匀的绳，从头烧到尾总共需要1个小时。现在有若干条材质相同的绳子，问如何用烧绳的方法来计时1个小时15分钟呢？

27. 母亲节送花

母亲节快到了，玛丽去花店买了5束康乃馨送给5位母亲。每束花有8朵，有黄色的、粉色的、白色的和红色的，每种颜色都是10朵。为了让5束花看起来各有特点，每束花中不同颜色花朵的数量不完全相同，不过每束花中每种颜色的花至少应该有1朵。

下面是5位母亲所收到的花的情况：

A妈妈：黄色的花比其余3种颜色的花加起来还要多。

B妈妈：粉色的花要比其他任何一种颜色的花都少。

C妈妈：黄色和白色的花之和等于粉色和红色的花之和。

D妈妈：白色的花是红色的花的两倍。

E妈妈：红色的花和粉色的花一样多。

请问：5位母亲分别收到的花束中每种颜色的花各有几朵？

28. 棋子迷局

六个带“○”的硬币可以沿纵、横、斜向每次移动1格，1格计为1步。请巧妙地移动硬币，使纵、横、斜向每条线上的硬币都不超过两枚。要求用最少的步数达到目的，并且必须在A的位置上放一枚硬币。

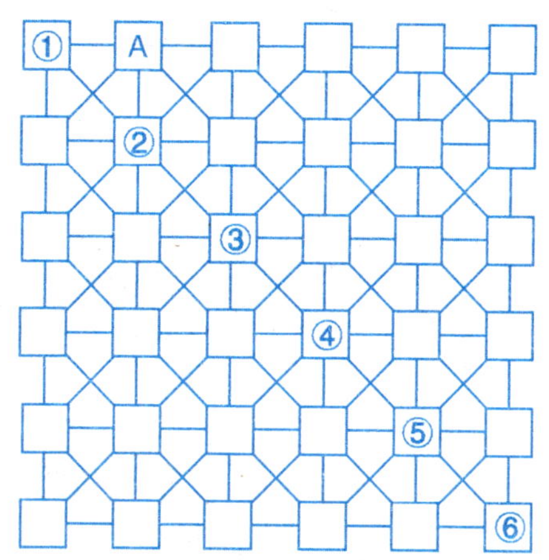

29. 乐团过桥

U2合唱团在赶往演唱会场途中必须跨过一座桥，因时间紧迫，须在17分钟内过桥，四个人从桥的同一端出发，你得帮助他们到达另一端，天色很暗，而他们只有一只手电筒。一次同时最多可以有两人一起过桥，而过桥的时候必须持有手电筒，所以就得有人把

手电筒带来带去，来回于桥两端。手电筒是不能用丢的方式来传递的。四个人的步行速度各不同，若两人同行则以较慢者的速度为准。Bono需花1分钟过桥，Edge需花2分钟过桥，Adam需花5分钟过桥，Larry需花10分钟过桥。他们要如何在17分钟内过桥呢？

第六章

逻辑能力训练题

1. 不幸的受伤者

卡姆、戈丹、安丁、马扬和兰君都非常喜欢骑马。一天，他们五个人结伴到马场骑马。不幸的是，他们当中有个人因为马受了惊吓并狂奔起来而受伤。现在请你根据下列情况判断一下，究竟是谁受了伤？

A. 卡姆是单身汉；

B. 受伤者的妻子是马扬夫人的妹妹；

C. 兰君的女儿前几天生病住院了；

D. 戈丹目睹了整个事故的经过，决定以后再也不骑马了；

E. 马扬的妻子没有外甥女，也没有侄女。

2. 非典时期

所有与非典患者接触的人都被隔离了，所有被隔离的人都与小张接触过。如果上述命题是真的，以下哪项命题也是真的？

A. 小张是非典患者。

B. 小张不是非典患者。

C. 可能有人没有接触过非典患者，但接触过小张。

D. 所有的非典患者都与小张接触过。

E. 所有与小张接触过的人都被隔离了。

3. 是真是假

桌子上有四个杯子，每个杯子上写着一句话。

第一个杯子：所有的杯子中都有水果糖。

第二个杯子：本杯中有苹果。

第三个杯子：本杯中没有巧克力。

第四个杯子：有些杯子中没有水果糖。

如果其中只有一句真话，那么以下哪项为真话？

A. 所有的杯子中都有水果糖。

B. 所有的杯子中都没有水果糖。

C. 所有的杯子中都没有苹果。

D. 第三个杯子中有巧克力。

4. 舞蹈老师

学校来了A、B、C、D、E五位应聘舞蹈老师的女士。她们当中有两位年龄超过30岁，另外三位小于30岁。而且有两位女士曾经是老师，其他的三位是秘书。现在只知道A和C属于相同的年龄档，而D和E属于不同的年龄档。B和E的职业相同，C和D的职业不同。但是校长只想挑选一位年龄大于30岁的、当过老师的女士任舞蹈老师。你猜谁是幸运者？

5. 实弹射击

军训最后一天，A班学生进行实弹射击。几位教官谈论A班的射击成绩时这样说：

王教官说："这次军训时间太短，这个班没有人射击成绩会是优秀。"

李教官说："不会吧，有几个人以前训练过，他们的射击成绩会是优秀。”

赵教官说：“我看班长或者体育委员能打出优秀成绩。”

结果发现三位教官中只有一人说对了。

由此可以推出以下哪一项肯定为真？

A. 班里所有人的射击成绩都是优秀。

B. 班里有些人的射击成绩是优秀。

C. 班长的射击成绩是优秀。

D. 体育委员的射击成绩不是优秀。

6. 蔬菜拼盘

一个蔬菜拼盘，里面有甘蓝、菠菜、绿芥蓝和莴苣。其中，甘蓝的营养高于菠菜，绿芥蓝的营养高于莴苣。根据已存在的条件，以下各项假设存在的条件都能使甘蓝的营养高于莴苣，除了：

A. 甘蓝的营养同于绿芥蓝。

B. 菠菜的营养等同于莴苣。

C. 菠菜的营养高于绿芥蓝。

D. 绿芥蓝的营养高于菠菜。

7. 数学家和编程专家

根据陈述，推理出哪个答案是正确的：阿宝是一个计算机编程专家，小刚是一位数学家。其实，所有的计算机编程专家都是数学家。我们知道，现在国内大多数综合性大学都在培养计算机编程专家。请问以下哪个选项是正确的？

A. 阿宝是由综合性大学培养的。

B. 大多数计算机编程专家是由综合性大学培养的。

C. 小刚并不是毕业于综合性大学。

D. 有些数学家是计算机编程专家。

8. 小球顺序

用天平称四个重量不一的小球，当天平一端放上甲、乙，另一端放上丙、丁时，天平恰好达到平衡；将乙和丁互换位置后，甲、丁一端低于乙、丙一端；当天平一端放上甲、丙，另一端刚放上乙时，天平就倒向了乙的一端。这四个小球的重量顺序是什么？

9. 黑白球

有三个外形完全相同的盒子，每个盒子里都放有两个球。其中的一个盒子里有两个白球，一个盒子里有两个黑球，一个盒子里有一个白球和一个黑球。盒子外面都贴有一张标签，标明“白白”“黑黑”“白黑”。但由于一时疏忽，每个盒子的标签都贴错了。请问：从哪个盒子中任意取出一个球，就可以辨明每个盒子中所装的分别是什么球？

10. 考上大学

约翰、汤姆、杰克逊参加了高考，考完后在一起议论。

约翰说：“我肯定能考上重点大学。”

汤姆说：“重点大学我是考不上了。”

杰克逊说："若不论重点不重点，我考上一般大学肯定没问题。"

发榜结果表明，三人中考取重点大学、一般大学和没考上大学的各有一个，并且他们三个人的预言只有一个人是对的，另外两个人的预言都与事实恰好相反。那么，三人中谁考上了重点大学，谁考上了一般大学，谁没考上呢？

11. 煤矿事故

某煤矿发生了一起事故，现场的矿工有以下断定。

矿工1：发生事故的原因是设备问题。

矿工2：确实是有人违反了操作规范，发生事故的原因不是设备问题。

矿工3：如果发生事故的原因是设备问题，则有人违反了操作规范。

矿工4：发生事故的原因是设备问题，并没有人违反操作规范。

如果上述断定中只有一个人的断定为真，则以下哪项可能为真？

A. 矿工1的断定为真。

B. 矿工2的断定为真。

C. 矿工3的断定为真，有人违反了操作规范。

D. 矿工3的断定为真，没有人违反操作规范。

12. 奇怪的规定

学校的男生宿舍楼前贴了一张关于"衣着规定"的布告：

（1）16岁以上的男生才能穿燕尾服。

（2）15岁以下的男生不准戴大礼帽。

（3）星期六下午观看棒球比赛的男生必须戴大礼帽，或穿燕尾服，或两者俱全。

（4）带伴侣的，或16岁以上的男生，或两条都具备者，不准穿毛衣。

（5）男生们一定不可以不看球赛和不穿毛衣，或者既不看球赛也不穿毛衣。

那么，星期六下午观看棒球比赛的男生的穿戴情况究竟如何呢？

13. 猜关系

小杨、小郭、小王三个人住在同一个宿舍。说来也巧，他们三个每人都只有一个妹妹，并且都比自己的妹妹大11岁。三个妹妹名叫小燕、小丽和小慧，已知小杨比小燕大9岁，小杨与小丽年龄之和是52，小郭与小丽年龄之和是54。猜猜看，他们分别谁和谁是兄妹？

14. 诚实与谎言

某地有两种人，分别是说谎族和诚实族。诚实族总说真话，说谎族总说假话。一天，有旅行者路过此地，看见此地的甲、乙二人。他问甲：“你是诚实族吗？”甲说“是”。旅行者又问乙：“甲是怎么回答的？”乙说：“他回答的是‘是’。不过你不要相信他，他是在说谎。”旅行者想了想，就正确地推出了结论。以下哪项是旅行者做出的判断？

A. 甲、乙都是诚实族。

B. 甲、乙都是说谎族。

C. 甲是诚实族，乙是说谎族。

D. 甲是说谎族，乙是诚实族。

E. 甲是说谎族，乙所属不明。

15. 红裙子与花裙子

某次舞会有87个女孩参加。参加舞会的女孩可能穿花裙子，也可能穿红裙子。此外，还知道下面2个事实：（1）这87个女孩中，有人是穿花裙子的；（2）任意两个女孩中，至少有1个女孩是穿红裙子的。从上可知：有几个女孩穿花裙子？几个女孩穿红裙子？

16. 出生率辩论

根据男婴的出生率，小明和小亮展开了辩论：

小明说："人口统计发现一条规律，在新生婴儿中男婴的出生率总是在22/43这个数值附近波动，而不是1/2。"

小亮说："不对。许多资料表明，多数国家，如俄罗斯、日本、美国、德国等都是男人比女人多。可见，认为男婴出生率总在22/43上下波动是不成立的。"

分析两个人的对话，下列哪一个选项能说明小亮的逻辑错误？

A. 小明所说的统计规律并不存在。

B. 小明的统计调查不符合科学。

C. 小亮的资料不可信。

D. 小亮混淆了概念。

E. 小亮犯了自相矛盾的错误。

17. 繁华的商业街

商业街道路两侧有A～F共六家店铺。画阴影的是A店，各店之间的位置关系如下：

（1）A店的右边是书店。

（2）书店的对面是花店。

（3）花店的隔壁是面包店。

（4）D店的对面是E店。

（5）E店的邻居是酒馆。

（6）E店跟文具店处在道路的同一侧。

那么，A店是什么店？

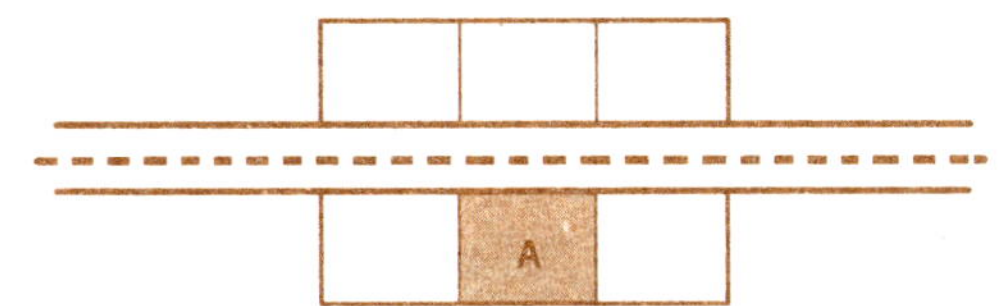

18. 爱瓦梯尔的学费

古希腊有个著名的诡辩学者，叫普罗太哥拉丝。有一次，他收了一个很有才华的学生叫爱瓦梯尔，并与他签订了一份合同。合同规定普罗太哥拉丝向爱瓦梯尔传授法律知识，而爱瓦梯尔需要分两次付清学费：第一次，是在开始授课的时候；第二次，则在结业后爱瓦梯尔第一次出庭打官司赢了的时候。爱瓦梯尔交上第一次学费，便孜孜不倦地向老师学习法律，学习成绩十分出色。几年后他结业了，但是过了很长时间，总不交第二次的学费。

普罗太哥拉丝等了再等，最后都等火了，要到法庭去告爱瓦梯尔，爱瓦梯尔却对普罗太哥拉丝说：“只要你到法庭去告我，我就可以不给你钱了，因为如果我官司打赢了，依照法庭的判决，我当然就不会把钱给输了的人；如果我官司打败了，依照我们的合同，由于第一次出庭败诉，我也不能把钱给你。因此，不论我在这场官司中打输还是打赢，我不可能把钱给你。你还是不要起诉吧。”

普罗太哥拉丝听后却有自己的打算，他说：“只要我和你一打官司你就一定要把第二次学费付给我。因为，如果我这次官司打胜了，依照法律的判决，你理所当然地要付学费给我；如果我官司打败了，你当然也要付学费给我，我们当初的合同上就是这样写的。所以，不论怎样你总要向我交第二次的学费。”

于是两个人都带着必胜的信心走进了法庭。法官听了他们的诉讼，看过他俩的合同，思索了一会儿，便当众宣读了他的判决……

你知道这位法官怎样判决才能使爱瓦梯尔既交上了学费又心服口服吗？

19. 不翼而飞的1元钱

有三个商人去住旅馆，每人一间房，每一间房10元，于是他们一共付给老板30元。第二天，老板觉得三间房只需要25元就够了，于是叫服务员退回5元给三位客人。谁知服务员贪心，只退回每人1元，自己偷偷拿了2元，这样一来便等于那三位客人每人各花了9元，于是三个人一共花了27元，再加上服务员独吞了2元，总共是29元。可是当初他们三个人一共付出30元，那么还有1元在哪儿呢？

20. 旅馆安排

A、B、C、D四人，上个月分别在不同的时间入住海边的休闲旅

馆，又分别在不同的时间退了房，他们四人滞留时间之和是20天。根据以下条件提示，你能知道四人分别是哪天入住又是哪天离开的吗？

（1）滞留时间最短的是A，最长的是D。而且，B和C的滞留时间相同。

（2）D不是8日离开的。

（3）D入住的那天，C已经住在那里了。

入住时间：1日、2日、3日、4日。

离开时间：5日、6日、7日、8日。

21. 手套

在一个岛国上，据说流行一种极其容易接触传染的传染病，一旦染上该病，一个月后将发病而死，但是该病可以通过外科手术治愈。国王怀疑自己得了该病，于是国王在岛上找到医术最高明的三个医生，要求他们轮流主刀。然而只有2双已消毒过的手术手套，在不确定三个医生是否已被传染的情况下，怎样做最安全？

22. 最多有几人

在M城，假设以下关于该城居民的断定都是事实：

（1）没有两个居民的头发的数量正好一样多。

（2）没有一个居民的头发正好是518根。

（3）居民的总数比任何一个居民头上的头发的总数要多。

那么，M城居民的总数最多不可能超过多少人？

23. 猜星期几

A、B、C、D、E、F、G在争论今天是星期几？

A：“后天是星期三。”

B：“不对，今天是星期三。”

C：“你们都错了，明天是星期三。”

D：“胡说！今天既不是星期一，也不是星期二，更不是星期三。”

E：“我确信昨天是星期四。”

F：“不对，你弄颠倒了，明天是星期四。”

G：“不管怎么说，反正昨天不是星期六。”

实际上，这七个人当中只有一个人讲对了。

请问：讲对的是谁？今天究竟是星期几？

24. 牌桌趣谈

S先生、P先生、Q先生，他们知道桌子的抽屉里面有16张扑克牌：红桃A、Q、4，黑桃J、8、4、2、7、3，草花K、Q、5、4、6，方块A、6。约翰教授从这16张牌中挑出一张牌来，并把这张牌的点数告诉P先生，把这张牌的花色告诉Q先生。这时，约翰教授问P先生和Q先生，你们能从已知的点数或花色中推知这张牌是什么吗？于是S先生听到如下的对话：

P先生：“我不知道这张牌。”

Q先生：“我知道你不知道这张牌。”

P先生：“现在我知道这张牌了。”

Q先生：“我也知道了。”

听罢以上的对话，S先生想了一想之后，就正确推出了这张牌是什么牌。那么，这张究竟是什么牌呢？

25. 推断年龄

一个人口调查员已知道某妇女家的门牌号码。一天，她打电话向这位妇女询问她家三个女儿的年龄。

这位妇女说："如果你把我三个女儿的年龄相乘，结果是72；如果你把三个数相加，结果正好是我家的门牌号。"

这位调查员说："我还是没法算出她们的年龄。"

那位妇女又说："我最大的女儿喜欢弹钢琴。"

请问这位妇女的三个女儿的年龄分别是多少？

26. 生存博弈

三个小伙子同时爱上了一个姑娘，为了决定他们谁能娶这个姑娘，他们决定用手枪进行一次决斗。小李的命中率是30%，小黄比他好些，命中率是50%，最出色的枪手是小林，他从不失误，命中率是100%。由于这个显而易见的事实，因此为公平起见，他们决定按这样的顺序：小李先开枪，小黄第二，小林最后。然后这样循环，直到他们只剩下一个人。那么这三个人中谁活下来的机会最大呢？他们都应该采取什么样的策略？

第七章

思考能力训练题

1. 调换硬币

一位王子向智慧公主求婚。智慧公主为了考验王子的智慧，就让仆人端来两个盆，其中一个装着10枚金币，另一个装着10枚同样大小的银币。然后仆人把王子的眼睛蒙上，并把两个盆的位置随意调换，请王子随意选一个盆，并从里面挑选出1枚硬币。如果选中的是金币，公主就嫁给他；如果选中的是银币，那么王子就再也没有机会了。王子听了以后，说："那我能不能在蒙上眼睛之前，任意调换盆里的硬币组合呢？"公主同意了。

请问：王子该怎么调换硬币组合才能确保他在更大程度上获胜，娶到公主呢？

2. 死刑

一个人被判处死罪，这个人听到消息后非常恐惧。法官下令：从明天开始，到第七天傍晚，必须把这个死囚拖到刑场绞死。但如果在处决他的那一天早晨死囚知道了自己那一天要被处以绞刑，那么那一天就不能处死他。死囚听到这个规定后非常高兴，认为自己不可能被处死了。你觉得可能吗？

3. 客轮相遇

每天上午，都有一艘客轮从甲地出发开往乙地，并有在同一时间属于同一个公司的另一艘客轮从乙地开往甲地。客轮走一个单程需要7天7夜。请问：今天上午从甲地开出的客轮，将会遇到几艘从

对面开过来且属于同一个公司的客轮？

4. 射击决斗

有一天，一个人与一个歹徒决斗，为了决定谁先射击，就采用了抛掷硬币的办法：

谁掷的硬币字儿先朝上，就先射击。双方你掷一下、我掷一下，一直掷到其中任何一方字儿朝上为止。而呈现硬币字儿朝上的难度，双方都一样。那么请问你，先掷的和后掷的相比较，有利到什么程度呢（假设射击时，谁也不会有什么失误）？

5. 买餐具

甲来到餐具店，一看价钱，发现自己所带的钱正好可以购买21把叉子和21把匙，或者买28把小刀。但他需要买成套的餐具，如果买的叉子、匙、小刀数量不一样，就无法成套，所以他必须买同样多的叉、匙、小刀，并且正好将身上的钱用完。那么你能帮他想个办法吗？

6. 握手

在一次宴会上，在主人致辞之后，赴宴的人们便开始相互握手。有人统计了一下，这次宴会上所有的人都相互握了手，总共握了45次。

根据这些情况，你能知道总共有多少人参加了这次宴会吗？

7. 点燃的后果

在一次宇宙旅行中，太空人来到了一个奇怪的星球，上面只有一种气体——氢气。由于光线太暗，太空人想点燃打火机照明，可有人阻止了他。如果他点燃打火机，是带来光明还是引起爆炸？

8. 公平分配

有甲、乙、丙、丁四个人，结伴去旅行。到中午时，他们打开饭盒一看，甲带了7个三明治，乙带了5个三明治，丙带了4个三明治，丁什么都没带。于是，他们把所带来的全部三明治放在一起，友好地平分吃了。吃完后，丁拿出80元作为购买三明治的钱。带三明治的人如何分这80元才公平呢？

9. 哪个冷得快

在同样的条件下，把两杯不同温度的牛奶放到同一个冰箱里，温度高的一杯与温度低的一杯哪个冷得快？

A. 温度高的　　B. 温度低的　　C. 一样快

10. 正确时间

“早上好！长官。”麦尔先生说，“您能告诉我现在几点了吗？”“当然可以。”麦克西警官回答，他在警察队伍里以精通数

学而闻名，“从午夜到现在这段时间的四分之一，加上从现在到午夜这段时间的一半，就是我要告诉你的正确时间。”

你能算出这段令人费解的对话发生时的确切时间吗？

11. 细菌分裂

某种细菌，分裂速度十分惊人，最初1分钟由1个分裂成2个。再过1分钟，已分裂成的2个又各分裂成2个，合计4个，如此繁衍分裂，1个细菌1小时就分裂成满满的一瓶子。

同种细菌，如果最初是由2个起始分裂，要达到同样满满的一瓶子，则需要几分钟？

12. 最后的胜者

猎豹和狮子在平原上的一条长100米的路上做往返赛跑（往返共200米）。

猎豹跑一步是3米，而狮子跑一步是2米，赛跑时这样的步长始终不变。需要请你特别注意，当狮子跑3步时，猎豹只能跑2步。也就是狮子跑步的频率要快于猎豹。

那么，请你推断谁将是最后的胜者呢？

13. 迟到时间

甲去离家1600米的公园同他的女朋友约会，约会时间是下午1：20。

甲正好1：00时出门，以每分钟80米的速度向公园前进，但是1：05的时候，乙发现甲忘记带钱包了，于是乙以每分钟100米的速度追了出去。

另一方面，甲在1：10时也发现忘带东西了，然后不慌不忙地还是以每分钟80米的速度折返。

终于两人碰面了。甲从乙那拿到了钱包，再向公园前进，仍然以每分钟80米的速度前进。

那么，甲会迟到几分几秒呢？两人交接钱包的时间忽略不计。

14. 水位

在一个装了很多水的大木盆里浮着一个小木盆，小木盆里还有一块铁。现在将这块铁拿出来放进水里，请问水面比刚才是上升了还是下降了？

15. 轮流报数

两个人轮流报数，第一个人从1开始，按顺序报数，他可以只报1，也可以报1、2。第二个人接着第一个人报的数再报下去，但最多只能报两个数，而且不能一个数都不报。例如，第一个人报的是1，第二个人可报2，也可报2、3；若第一个人报了1、2，则第二个人可报3，也可报3、4。接下来仍由第一个人接着报，如此轮流下去，谁先报到30谁胜。

甲很大度，每次都让乙先报，但每次都是甲胜。乙觉得其中肯定有猫儿腻，于是坚持要甲先报，结果每次还是甲胜。

你知道甲必胜的策略是什么吗？

第八章

逆向思维训练题

1. 选择出路

侦察人员陷入一座迷宫，在里面走了很久，一直没有找到出口。突然，在一个三岔路口旁，她发现每个路口都写着一句话。第一个路口写着“这条路通向迷宫的出口”，第二个路口写着“这条路不通向迷宫的出口”，第三个路口写着“另外两条路口上写的话，一句是真的，一句是假的，我们保证，上述的话绝不会错”。那么，他要选择哪一条路才能出去呢？

2. 说谎的姐妹

有姐妹二人，一胖一瘦，姐姐上午很老实，一到下午就说假话；妹妹则相反，上午说假话，下午却很老实。

有一天，一个人去看她俩，问：“哪位小姐是姐姐？”

胖小姐回答说：“我是。”

而瘦小姐回答说：“是我呀。”

再问一句：“现在几点钟了？”

胖小姐说：“快到中午了。”

瘦小姐却说：“中午已经过去了。”

请问，当时是上午还是下午，哪一个是姐姐呢？

3. 偷奶酪

有四只小老鼠一块出去偷食物（它们都偷食物了），回来时族长问它们都偷了什么食物。老鼠A说：我们每个人都偷了奶酪。老鼠

B说：我只偷了一颗樱桃。老鼠C说：我没偷奶酪。老鼠D说：有些人没偷奶酪。族长仔细观察了一下，发现它们当中只有一只老鼠说了实话。那么下列评论正确的是：

A. 所有老鼠都偷了奶酪。

B. 所有的老鼠都没有偷奶酪。

C. 有些老鼠没偷奶酪。

D. 老鼠B偷了一颗樱桃。

4. 偷吃水果

赵女士买了一些水果和小食品准备去看望一个朋友，谁知，这些水果和小食品被她的儿子们中的一个偷吃了，但她不知道是哪个儿子。为此，赵女士非常生气，就盘问四个儿子谁偷吃了水果和小食品。老大说："是老二吃的。"老二说："是老四偷吃的。"老三说："反正我没有偷吃。"老四说："老二在说谎。"这四个儿子中只有一个人说了实话，其他的三个都在撒谎。那么，到底是谁偷吃了这些水果和小食品？

5. A队B队

有一天，学校的学生在做游戏，A队只准说真话、B队只准说假话；A队在讲台西边，B队在讲台东边。这时，叫讲台下的一个学生上来判断一下，从A、B两队中选出的一个人——小张，是哪个队的。这个学生从A或B队中任意抽出了一个队员，叫他去问小张他是在讲台的西边还是东边。这个队员回来说，小张说他在讲台西边。这个学生马上判断出来小张是A队的，为什么？

6. 研究地图

对地理非常感兴趣的几个同学聚在一起研究地图。其中的一个同学在地图上标上了标号A、B、C、D、E，让其他的同学说出他所标的地方都是哪些城市。甲说：B是陕西。E是甘肃；乙说：B是湖北，D是山东；丙说：A是山东，E是吉林；丁说：C是湖北，D是吉林；戊说：B是甘肃，C是陕西。这五个人每人只答对了一个省，并且每个编号只有一个人答对。你知道ABCDE分别是哪几个省吗？

7. 谁在说谎

姐姐上街买菜回来后，就随手把手里的一些零钱放在了抽屉里，可是，等姐姐下午再去拿钱买菜的时候发现抽屉里的零钱没有了，于是，她就把三个妹妹叫来，问她们是不是拿了抽屉里的零钱，甲说："我拿了，中午去买零食了。"乙说："我没拿，我看到甲拿了。"丙说："总之，我与乙都没有拿。"这三个人中有一个人在说谎，那么到底谁在说谎？谁把零钱拿走了？

8. 夜明珠

一个人的夜明珠丢了，于是他开始四处寻找。有一天，他来到了山上，看到有三个小屋，分别为1号、2号、3号。从这三个小屋里分别走出来一个女子，1号屋的女子说："夜明珠不在此屋里。"2号屋的女子说："夜明珠在1号屋内。"3号屋的女子说："夜明珠不在此屋里。"这三个女子，其中只有一个人说了真话，那么，谁

说了真话？夜明珠到底在哪个屋里面？

9. 地理考试

在一次地理考试结束后，有五个同学看了看彼此五个选择题的答案，其中：

同学甲：第三题是A，第二题是C。

同学乙：第四题是D，第二题是E。

同学丙：第一题是D，第五题是B。

同学丁：第四题是B，第三题是E。

同学戊：第二题是A，第五题是C。

结果他们各答对了一个题。根据这个条件猜猜哪个选项正确？

A. 第一题是D，第二题是A。

B. 第二题是E，第三题是B。

C. 第三题是A，第四题是B。

D. 第四题是C，第五题是B。

10. 谁是冠军

电视上正在进行足球世界杯决赛的实况转播，参加决赛的国家有美国、德国、巴西、西班牙、英国、法国六个国家。足球迷李锋、韩克、张乐对谁会获得此次世界杯的冠军进行了一番讨论：韩克认为，冠军不是美国就是德国；张乐坚定地认为冠军绝不是巴西；李锋则认为，西班牙和法国都不可能取得冠军。比赛结束后，三人发现他们中只有一个人的看法是对的。那么哪个国家获得了冠军？

11. 第一百个乒乓球

假设排列着100个乒乓球，由两个人轮流拿乒乓球装入口袋，能拿到第一百个乒乓球的人为胜利者。条件是：每次拿球者至少要拿1个，但最多不能超过5个，问："如果你是最先拿乒乓球的人，你该拿几个？以后怎么拿能保证你能得到第一百个乒乓球？"

12. 考古专家

有一个考古专家在一个古墓里发现了两个箱子和一封信，信上说："这两个箱子其中之一装有满箱的珠宝，另一个装有毒气。如果你足够聪明，按照箱子上的提示就能找到打开的方法。"这时考古专家看到两个箱子上都有一张纸条，第一个箱子上写着："另一个箱子上的纸是真的，珠宝在这个箱子里。"第二个箱子上写着："另一个箱子上的话是假的，珠宝在右边一个箱子里。"

那么，考古专家应该打开哪个箱子才能获得珠宝呢？

13. 国王与预言家

在临上刑场前，国王对预言家说："你不是很会预言吗？你怎么不能预言到你今天要被处死呢？我给你一个机会，你可以预言一下今天我将如何处死你。你如果预言对了，我就让你服毒死；否则，我就绞死你。"

但是聪明的预言家的回答，使得国王无论如何也无法将他处死。请问，他是如何预言的？

14. 扑克游戏

Jack夫妇请了Tom夫妇和Henrry夫妇来他们家玩扑克。这种扑克游戏有一种规则，夫妇两个不能一组。Jack跟Lily一组，Tom的队友是Henrry的妻子，Linda的丈夫和Sara一组。那么这三对夫妇分别为：

A. Jack—Sara，Tom—Linda，Henrry—Lily。

B. Jack—Sara，Tom—Lily，Henrry—Linda。

C. Jack—Linda，Tom—Lily，Henrry—Sara。

D. Jack—Lily，Tom—Sara，Henrry—Linda。

第九章

推理能力训练题

1. 司令的年龄

在训练的过程中，你是司令，你手下有两名军长，五名团长，十名排长和十二名士兵，那么请问你能猜到司令今年的年龄吗？

2. 找错误

一个正方体有六个面，每个面的颜色都不同，并且只能是红、黄、蓝、绿、黑、白六种颜色。如果满足：

（1）红的对面是黑色。

（2）蓝色和白色相邻。

（3）黄色和蓝色相邻。

那么，下面结论错误的是：

A. 红色与蓝色相邻。

B. 蓝色的对面是绿色。

C. 白色与黄色相邻。

D. 黑色与绿色相邻。

3. 伪造录音

某公寓发生了一起凶杀案，死者是已婚妇女。探长来到现场观察。法医说："经过检验，死者死亡不到2个小时，是被一把刀刺中心脏而死。"

探长发现桌上有一台录音机，问其他警员："你们开过录音没有？"众警员都说没开过。

于是，探长按下放音键，录音机里传出了死者死前挣扎的声音：

“是我老公想杀我，他一直想杀我。我看到他进来了，他手里拿着一把刀。他现在不知道我在录音，我要关录音机了，我马上要被他杀死了……咔嚓。”录音到此中止。

探长听完录音后，马上对众警员说，这段录音是伪造的。你知道探长为什么这么快就认定这段录音是伪造的吗？

4. 三人买车

吉米、瑞恩、汤姆斯刚新买了汽车，汽车的牌子分别是奔驰、本田和皇冠。他们一起来到朋友杰克家里，让杰克猜猜他们三人各买的是什么牌子的车。杰克猜道：“吉米买的是奔驰车，汤姆斯买的肯定不是皇冠车，瑞恩自然不会是奔驰车。”很可惜，杰克的这种猜测，只有一种是正确的，你知道他们各自买了什么牌子的车吗？

5. 猜头巾

幼儿园一老师带着七名小朋友，她让六个小朋友围成一圈坐在操场上，让另一名小朋友坐在中央，拿出七块头巾，其中四块是红色的，三块是黑色的。然后蒙住七个人的眼睛，把头巾包在每一个小朋友的头上。然后解开周围六个人的眼罩，这时，老师说：“你们现在猜一猜自己头上头巾的颜色。”大家思索好一会儿，最后，坐在中央的被蒙住双眼的小朋友说：“我猜到了。”由于中央的小朋友的阻挡，每个人只能看到五个人头上头巾的颜色。问：被蒙住双眼坐在中央的小朋友头上是什么颜色的头巾？他是如何猜到的？

6. 参加鉴定

有一个工业公司，组织它下属的A、B、C三个工厂联合试制一种新产品。关于新产品生产出来后的鉴定办法，在合同中做了如下规定：

（1）如果B工厂不参加鉴定，那么A工厂也不参加。

（2）如果B工厂参加鉴定，那么A工厂和C工厂也要参加。

请问：如果A工厂参加鉴定，C工厂是否会参加？为什么？

7. Z的颜色

依照下图的逻辑，说说Z应该是黑色还是白色？

8. 保险和住房

在一个住宅小区的居民中，大多数中老年人都办了人寿保险，所有买了四居室以上住房的居民都办了财产保险。所有办理人寿保险的都没有办财产保险。

如果上述说法是真的，那么以下哪种说法一定是真的？

（1）某些中老年买了四居室以上的房子。

（2）某些中老年没办财产保险。

（3）买四居室以上房子的人没有办人寿保险。

A.（1）、（2）和（3）。

B.（1）和（2）。

C.（2）和（3）。

D.（1）和（3）。

9. 画熊猫

请仔细观察图中每幅熊猫头像的变化规律。在A～F的选项中选出一幅正确头像填入圆形里。

10. 侦探凯恩的判断

这是一张用闪光灯拍摄的照片：照片上有一个站在蜡烛边正在划火柴的小姑娘，蜡烛旁摆着许多漂亮的圣诞礼物。小姑娘的后面是一个美丽的少妇，面对照相机，从窗外飞身下落。照片下有这样一段说明："这张惊人的照片由巴菲尔于8月24日晚上9时30分摄于布鲁克林摄影室。当巴菲尔先生按下快门时，莫纳太太正从6楼的平台上跳下。这幅以她在空中坠落为背景的惊人之作被《现代家庭》杂志选为圣诞期刊的封面。据说莫纳太太体重几十磅，当晚因被时速高达40英里的风暴袭击而失足坠下楼去，当即摔死在人行道上。”

现在，这张被题为《投入死亡》的照片出现在摄影佳作巡回展上。业余摄影家、大侦探凯恩在参观时，很快被吸引住了。这时，凯恩身后来了几位官员，其中一位手中拿着一条蓝绶带。当他们要把这代表最高奖赏的蓝绶带钉在《投入死亡》这张照片上时，凯恩讥笑说：“你们为什么要给这幅伪造的作品以最高奖赏呢？”“什么？是伪造的作品？”官员惊讶地问。

你知道凯恩为什么说这张照片是伪造的作品吗？

11. 电话号码

甲、乙、丙三人想给丁打电话，可是谁也想不起电话号码是多少。甲说：“好像是89431。”乙说：“不对，应该是43018吧！”丙说：“我记得是17480。”事实上，丁的电话是由五个不相同的数字组成的。如果说甲、乙、丙说的某一位上的数字与丁的电话号码上的同一位上的数字相同，就算说对了这个数字。现在他们三人都说对了位置不相邻的两个数字，且这两个数字中间都正好隔一个数字。你能推断出丁的电话号码是多少吗？

12. 保镖兄弟

有一富翁，为了确保自己的人身安全，雇了双胞胎兄弟做保镖。兄弟两个确实尽职尽责，为了保证主人的安全，他们制定了如下行事准则：

A. 每周一、二、三，哥哥说谎。

B. 每周四、五、六，弟弟说谎。

C. 其他时间两人都说真话。

一天，富翁的一个朋友急着找富翁，他知道要想找到富翁只能问兄弟俩，并且他也知道兄弟俩的做事准则，但不知道谁是哥哥，谁是弟弟。另外，如果要知道答案，就必须知道今天是星期几。于是他便问其中的一个人：昨天是谁说谎的日子？结果两人都说：是我说谎的日子。你能猜出今天是星期几吗？

13. 帽子的颜色

一个牢房，里面关有三个犯人。因为玻璃很厚，所以三个犯人只能互相看见，不能听到对方所说的话。一天，国王命令下人给他们每个人头上都戴了一顶帽子，告诉他们帽子的颜色只有红色和黑色，但是不让他们知道自己所戴的帽子是什么颜色。在这种情况下，国王宣布两条命令如下：

（1）哪个犯人能看到其他两个犯人戴的都是红帽子，就可以释放谁。

（2）哪个犯人知道自己戴的是黑帽子，也可以释放谁。

事实上，他们三个戴的都是黑帽子。只是他们因为被绑，看不见自己的罢了。很长时间，他们三个人只是互相盯着不说话。可是突然有一天，聪明的A用推理的方法，认定自己戴的是黑帽子。您也想想，他是怎样推断的呢？

14. 猜数游戏

一个教授逻辑学的教授，有三个学生，而且三个学生均非常聪

明！一天教授给他们出了一个题，教授在每个人脑门上贴了一张纸条并告诉他们，每个人的纸条上都写了一个正整数，且某两个数的和等于第三个数！（每个人可以看见另两个数，但看不见自己的）

教授问第一个学生：你能猜出自己的数吗？回答：不能，问第二个，不能，第三个，不能，再问第一个，不能，第二个，不能，第三个：我猜出来了，是144！教授很满意地笑了。请问你能猜出另外两个人的数吗？

15. 野鸭蛋的故事

四个旅游家（张虹、印玉、东晴、西雨）去不同的岛屿旅行，每个人都在岛上发现了野鸭蛋（1个到3个）。四人的年龄各不相同，是由18岁到21岁。已知：

（1）东晴是18岁。

（2）印玉去了A岛。

（3）21岁的女孩子发现的蛋的数量比去A岛女孩的少1个。

（4）19岁的女孩子发现的蛋的数量比去B岛女孩的少1个。

（5）张虹发现的蛋和C岛的蛋之中，有一者是2个。

（6）D岛的蛋比西雨的蛋要少2个。

请问：张虹、印玉、东晴、西雨分别是多少岁？她们分别在哪个岛屿上发现了多少野鸭蛋？

第十章

判断能力训练题

1. 球滚过的距离

将一个球放在一个斜坡上，如左图所示，让球滚下，并计算它的下滑时间。2秒钟之后，记下球的位置。将斜坡剩下的长度划分成球滚过的距离的倍数。

如果现在重新让球滚下，每次分别计时2秒、3秒、4秒和5秒，那么能否判断出每种情况下球能滚多远吗？

2. 出价

现有一张售价1万美元的彩票，是两个人各出5000美元买下来的。这两人决定互相拍卖这张彩票。两人各把自己的出价写在纸条上，然后给对方看。出价高的得到这张彩票，但要按对方的出价付给对方钱。如两人的出价相同，则两人平分这张彩票权。究竟什么样的出价最有利？

3. 神奇的数

19	2	35	7	9
24	23	25	3	17
27	11	31	13	8
4	18	14	27	10
30	16	12	15	20

左图中有个数字比与其距离三个格的数字多3，比距离它一个格的数字少2，比距离它两个格的数字多5，比距离它一个格的数字多4，比距离它三个格的数字多6，比距离它两个格的数字少4。这个数是几？

4. 传送带

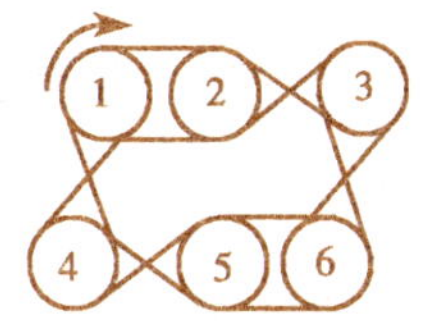

如图所示，如果1号轮顺时针转动，那么6号轮如何转动？

5. 宝塔

如图，用正方体木块堆成宝塔形，使得每相邻两层中，上层每个木块的下底面完全遮盖下层对应木块的上底面，顶层为第1层，往下顺次为第2层、第3层，等等。图中画出了最上面的4层。请问，第100层有多少木块？

6. 魔幻法则

假设你洗了五双袜子后，发现掉了两只。可能出现的情况有多少种？

7. 哪一层是水

玻璃杯里事先装有两种互不混合的无色液体（界面分明），两种液体密度不相同，没有装满玻璃杯。已经知道其中一种液体是水，但不知道它是在上一层还是在下一层，请你想个最简单的方法来鉴定一下。

8. 杂志的页数

你从一份杂志中抽出一张，发现第8页和第21页在同一张纸上，根据这个，你能否判断出这份杂志有几页？

9. 错误多面角

在图中，画了一个六角帐篷，它的几何形状是一个正六棱锥，这顶帐篷有7个角落，6个着地，1个悬空。请问它的三面角有什么毛病？

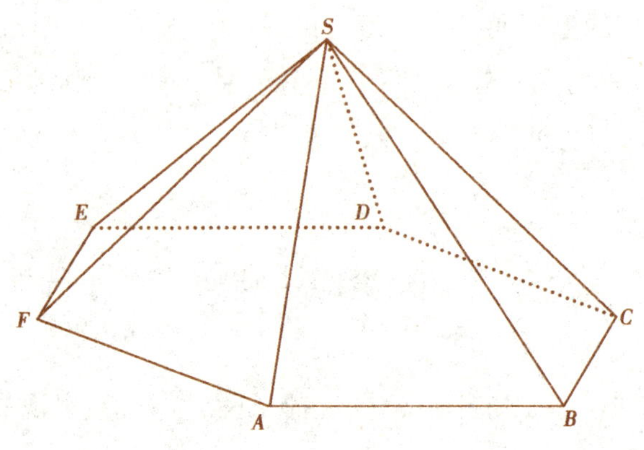

10. 布阵

你能不能把一些立方体布成图示的阵？

11. 符号与数字

下图正方形中的每个符号都代表着一个数字，你能判断出问号处应该是什么数字吗？

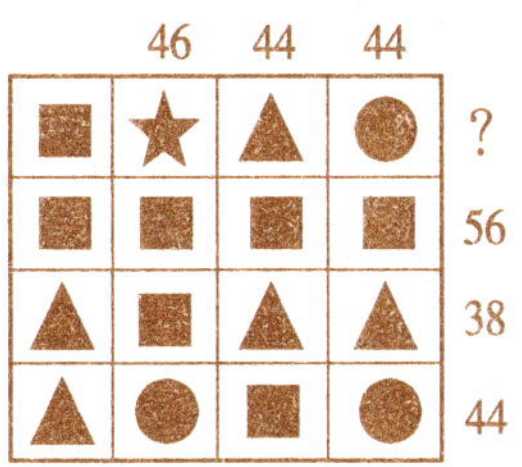

12. 物品拥有

有100名女士，其中82名有黑色手提包，65名穿蓝色的鞋，68名带雨伞，93名戴戒指。问：最少有多少位女士同时拥有以上四样物品？

13. 空中射弹

如图，飞机在天空飞行，向前、向后射出子弹，或者垂直丢下子弹，哪个先到达地面？

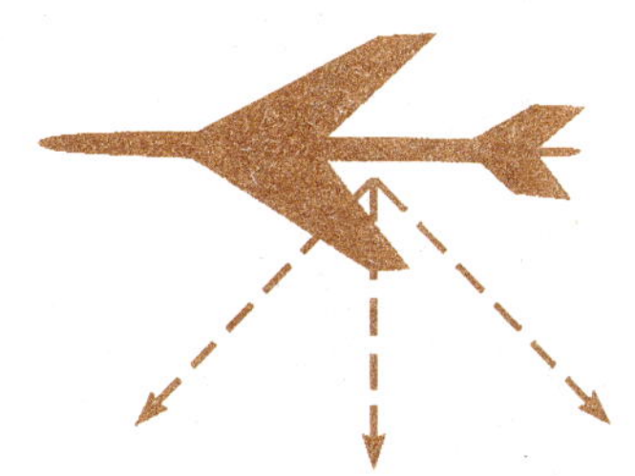

14. 交叉点

下图所示的是某个小镇的街道。有八个好朋友，他们所住的地方已在地图上用红点标明。这一天，他们决定在某个交叉点聚会，请问在哪个交叉点见面时，他们要走的路程最短？

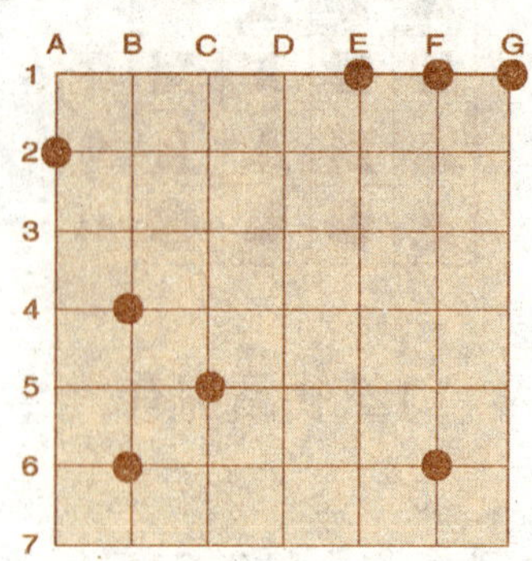

第十一章

演算能力训练题

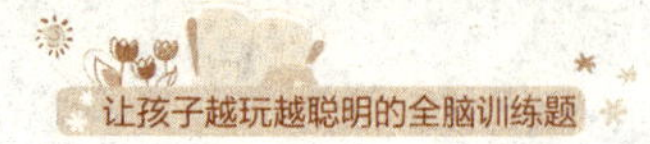

1. 沙钟计时

现在有10分钟和7分钟的沙漏计时器各一个。如果用这两个计时器测量18分钟的时间，采用何种方法步骤最简单？当然，在本训练中，翻转沙漏计时器的时间是忽略不计的。

2. 新月弯弯

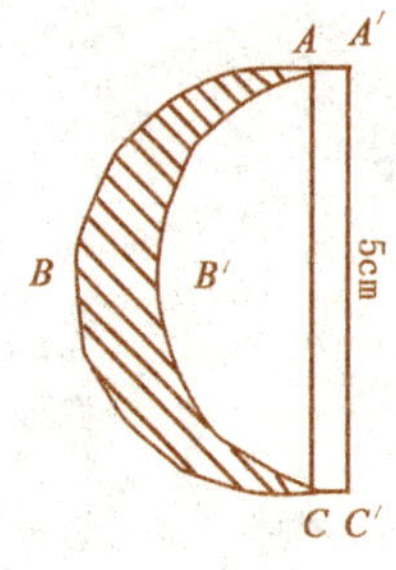

如左图所示，有一个直径为5厘米的半圆形，现将其向右水平移动1厘米。你能算出移动后出现的月牙形部分（即阴影部分）的面积吗？

3. 蟠桃的数目

天宫的仙果园里，孙悟空准备把收获的蟠桃每10个一袋装好带回花果山，但是分装到最后，剩下9个。如果按9个分，剩下8个；于是孙悟空按8个分，结果多7个；按7个分，多6个；按6个分，多5个。孙悟空于是算了一下，用蟠桃总数除以5，余4；除以4，余3；除以3，余2；除以2，余1。你知道仙果园中的蟠桃至少有多少个吗？

4. 相加求和

78，59，50，121.61，12.43，66.50。这几个数相加的总和

是多少？

A. 343.73。B. 343.83。C. 344.73。D. 387.54。

5. 淘气的蜜蜂

有两个自行车运动员同一时间从甲乙两地出发相对骑行。当他们相距300千米的时候，有一只淘气的蜜蜂，在两个运动员之间不停地飞来飞去。一直到他们两个相遇了，它才安心地在一个运动员的鼻子上停下来。

蜜蜂是以每小时100千米的速度在两个运动员之间飞了3个小时，在这段时间里两个自行车运动员的行驶速度都是每小时50千米。蜜蜂一共飞了多少千米？

6. 齐心协力

1只蚂蚁外出觅食，发现一块面包，它立刻回洞唤来10个伙伴，可它们搬不动。然后每只蚂蚁各找来10只蚂蚁，大家再搬，还是不行。于是蚂蚁们又各自叫来10个同伴，但仍然抬不动。蚂蚁们再回去，每只蚂蚁又叫来10个伙伴。这次，蚂蚁们终于把面包抬回洞里。你知道抬这块面包的蚂蚁一共有多少只吗？

7. 回文路标

某乘客乘汽车经过一个地方，看到一个路标上的数字是15951，他觉得很有趣。这个数字的第一个数和第五个数相同，第二个数和第四个数相同。汽车行驶了两个小时，该乘客又看到另一个路标上的数字，仍然是第一个数和第五个数相同，第二个数和第四个数相同。汽车两个小时一共行驶了多少千米？另一个路标的数字是多少？

8. 沙漠拯救

9个探险者在沙漠中迷了路。他们早晨起来发现所带的饮用水只够喝5天了。次日，他们发现了一些足印，知道还有一些人也在沙漠中，于是循迹追去。当天追上以后，他们发现另外那些人已经没有水喝了。如果两批人合用这些水，只够喝3天。你知道第二批人共有几个人吗？

9. 圆周比较

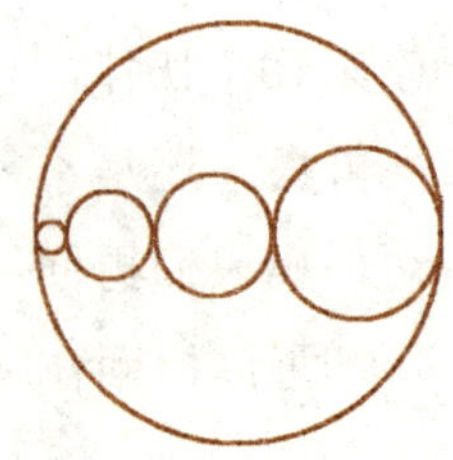

设有一个大圆，以它的直径上的点为圆心，画出几个紧密相连的小圆（如左图所示）。请你算一算，大圆的周长与大圆内这几个小圆的周长之和，哪个更长些？

10. 搬香蕉

一个小猩猩边上有100根香蕉，它要走过50米才能到家，它每次最多搬50根香蕉（多了就被压死了）。它每走1米就要吃掉1根，请问它最多能把多少根香蕉搬到家里？

11. 号码趣猜

小杰又换了新号码，他发现，有3个特点使新的电话号码很好记：第一，原来的号码和新换的号码都是4位数字；第二，新号码正好是原号码的4倍；第三，原来的号码从后面倒着写正好是新的号码。

所以，他毫不费劲就记住了新号码，那么新号码究竟是多少？

12. 求职薪酬

甲和乙两家公司的招聘广告上只有以下两点不同，其他的条件完全相同。从收入多少来考虑，选择哪一家公司有利？

（1）甲公司：年薪100万元，每年提薪一次加20万元。

（2）乙公司：半年薪50万，每半年提薪一次加5万元。

13. 环环紧扣

把1～8这八个数填入双环中的各个小圆中，如果填得正确，可使双环的每个环中小圆圈里的数字相加之和都为21，如下图所示。那么，你能否把从7～14这八个数填入双环中的圆圈里，使每一个圆环中小圆圈里的数字相加之和为51？你能不能把13～20这八个数填入圆圈里，使每一个圆环的小圆圈中数字相加为81？

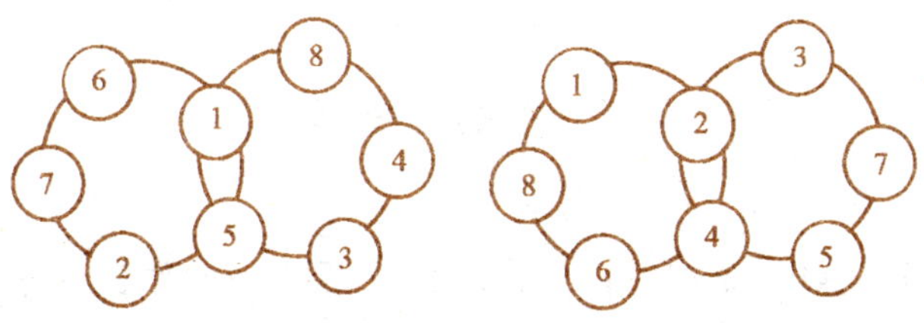

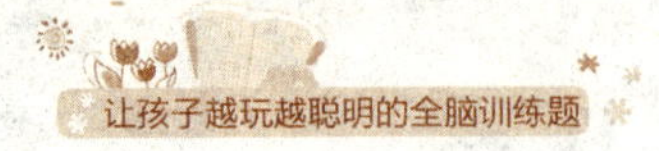

14. 常客人数

某商店服务生在回答“常来顾客人数”时，这样回答：“我这里的常客有一半是事业有成的中年男性，四分之一是上班族，七分之一是在校的学生，十二分之一是警察，剩下的四个则是住在附近的老太太。”请问服务生所谓的常客究竟有多少人呢？

15. 学生知多少

在公园里，有一群学生正围坐在一个圆桌旁准备就餐。从学生甲开始，按逆时针方向数，数到学生乙为第七个，而且学生甲与学生乙又正好面对面。这群学生一共有多少人？

16. 奇妙算式

下面每个式子里有4个数字“5”，你能写出4个将数字5经过运算得到的结果是1～6的算式吗？注：加减乘除和括号均可以用。

1=5 5 5 5　　2=5 5 5 5

3=5 5 5 5　　4=5 5 5 5

5=5 5 5 5　　6=5 5 5 5

17. 免费的餐饮

在一个家庭里面有五口人，平时到周末的时候，这家人总是会

去一家高档饭店吃饭。吃了几次，这家人就提议让老板给他们点优惠，免费送他们一餐。聪明的老板想了想，说道：“你们这一家人也算是这里的常客，只要你们每人每次都换一下位子，直到你们五个人的排列次序都完成为止。到那一天，别说免费给你们送一餐，送十餐都行。怎么样？”那么，这家人要在这个饭店吃多长时间饭才能让老板免费送十餐呢？

18. 沙场秋点兵

韩信点兵又称为“中国剩余定理”，相传汉高祖刘邦问大将军韩信统御兵士多少，韩信答说，兵不满1万，每5人一列、9人一列、13人一列、17人一列都剩3人。刘邦茫然而不知其数。请考虑，兵有多少？

19. 龟兔赛跑

乌龟和兔子赛跑的原版，是由于兔子过于贪玩乌龟胜出了。但依兔子的速度可以远远超过乌龟的。而现在有一总长4.2千米的路程，兔子每小时跑20千米，乌龟每小时跑3千米。不停地跑。但兔子却边跑边玩，它先跑1分钟，然后玩15分钟。又跑2分钟，再玩15分钟……那么，先到终点的比后到终点的要快多少分钟？

20. 唱片问题

小南：“你那些爵士乐唱片还在吗？”

小熊："没有了，我已经把一半唱片和一张唱片的一半送给了小吴。然后我又把剩下的一半唱片和一张唱片的一半送给了小海。我现在只剩下一张唱片了，假如你能说出我原来有几张爵士乐唱片，那么这一张就送你。"

你知道小熊原来有几张唱片吗？

21.激情NBA

一场精彩的NBA篮球赛刚刚结束，球迷们议论纷纷：

（1）选手们体力真棒，比赛中双方都没有换过人。

（2）双方水平都很高，得分最多的一名队员独得30分；有三名队员得分不到20分，并且他们所得的分数各不相同。

（3）客队的个人技术相当接近，得分最多的和最少的只差3分。

（4）全场比赛中只有三名队员得分相同，都是22分，而且他们不全在同一个队。

（5）主队队员个人得分是一组等差数列。

请根据以上信息来推算这场篮球赛的具体结果。

22. 百羊趣题

甲赶了一群羊在草地上走，乙牵了1只肥羊跟在甲的后面。乙问甲："你这群羊有100只吗？"甲说："如果再有这么一群，再加上半群，再加上一群，再把你的这1只凑进来，才满100只。"甲原来赶的羊一共有多少只？

23. 检票的学问

在一间火车站的候车室里，旅客们正在等候检票。已知排队检票的旅客按照一定的速度在增加，检票的速度则保持不变。如果车站开放一个检票口，那么需要半小时才能让等待检票的旅客全部检票进站；如果同时开放两个检票口，那么就只需要10分钟便可让等待检票的旅客全部检票进站。现在有一班增开的列车很快就要离开了，必须在5分钟内让全部旅客都检票进站。请问：这个火车站至少需要同时开放几个检票口？

24. 长长的楼梯

一条长长的楼梯，若每次跨2阶，最后剩1阶；每次跨3阶，最后剩2阶；每次跨4阶，最后剩3阶；每次跨5阶，最后剩4阶；每次跨6阶，最后剩5阶；每次跨7阶，恰好到梯顶。问这条楼梯最少是多少阶？

25. 生财之道

相邻的A国和B国交恶。某日A国宣布：“今后，B国的1元钱只折我国的9角。”B国于是采取对等措施，也宣布：“今后，A国的1元钱只折我国的9角。”

住在边境的某个人想利用这个机会赚一笔，他成功了。请问，他是怎么做的？

26. 买游戏机

有六个小朋友去玩具店里买玩具，他们分别带了14元、17元、18元、21元、25元、37元钱，到了玩具店里，他们都看中了一款游戏机，一看定价，这六个人都发现自己所带的钱不够，但是其中有三个人的钱凑在一起正好可买2台，除去这三个人，有两个人的钱凑在一起恰好能买1台。那么，这款游戏机的价格是多少呢？

27. 三色雨伞

有红黄蓝三种伞共160把，如果取出红伞的1/3，黄伞的1/4，蓝伞的1/5，则剩120把。如果取出红伞的1/5，黄伞的1/4，蓝伞的1/3，则剩下116把。请问，这三种伞原来各有多少？

28. 如何分酒

一个人晚上出去打了10千克酒，回家的路上碰到了一个朋友，恰巧这个朋友也是去打酒的。不过，酒家已经没有多余的酒了，且此时天色已晚，别的酒家也都已经打烊了，朋友看起来十分着急。于是，这个人便决定将自己的酒分给他一半，可是朋友手中只有一个7千克和一个3千克的酒桶，两人又都没有带称，如何才能将酒平均分开呢？

第十二章

空间能力训练题

1. 情报传递

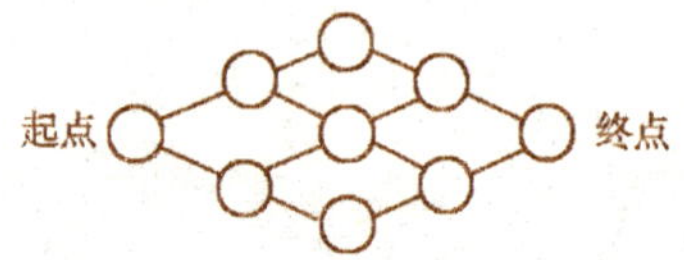

左图中，从起点到终点共有多少种不同的路径（不许在途中折返方向）？

2. 蓝精灵的智慧

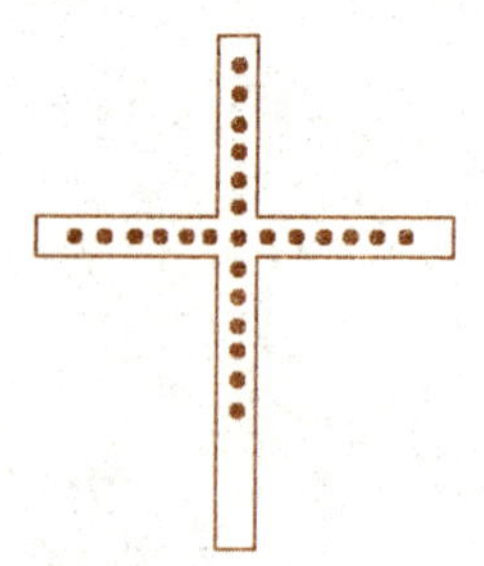

狠毒的森林女巫有一个魔法十字架，上面镶着25颗宝石。女巫靠着它肆虐整个大森林。她有个习惯，数钻石每次都是从上数到中央，然后分别向左、右、下数去，三次的得数都是13。蓝精灵得知这一秘密后，一次趁女巫的十字架坏了，化装成工匠前来修理，并设计偷走了上面的2颗宝石，使女巫在检查时没有发现，就此破掉了女巫的魔力，它是怎么偷的呢？

3. 求表面积

有一个长方体的铁块，这个铁块正好可以锯成三个正方体的铁块，如果锯成正方体的铁块，表面积就会增加20平方厘米，那么，这个长方体铁块原来的表面积是多少？

4. 巧算面积

如图所示，有一个边长为4厘米的正方形与一个直角三角形重

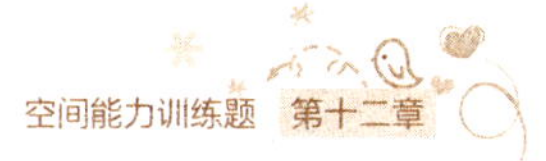

叠。直角三角形的顶点正好处在正方形的中心点上。不用计算，能否观察出这两个图形重叠部分的面积？

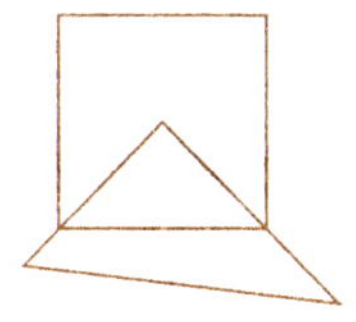

5. 圆币盖桌

在一张长方形的桌面上放了n个一样大小的圆形硬币。这些硬币中可能有一些不完全在桌面内，也可能有一些彼此重叠；当再多放一个硬币而它的圆心在桌面内时，新放的硬币便必定与原先某些硬币重叠。请证明整个桌面可以用4n个硬币完全覆盖。

6. 蓝色魔方

图中所示，假设现在有一个外表都是蓝颜色的“魔方”。问：现在符合下列条件的小立方体各是多少块？

（1）三面是蓝颜色的小立方体。

（2）两面是蓝颜色的小立方体。

（3）一面是蓝颜色的小立方体。

7. 比较黑白

黑白两部分面积相等吗？

(1)

(2)

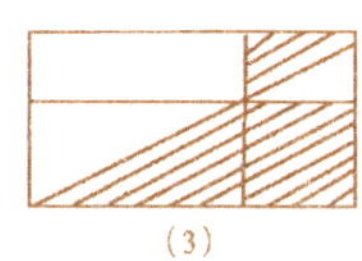
(3)

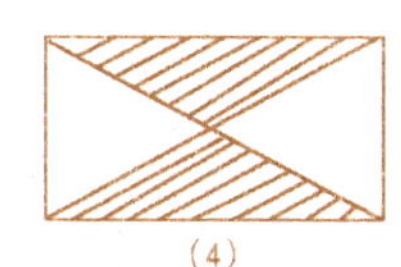
(4)

8. 无人选择

有A至F六种不同的礼物，都装在大小相同的盒子里。经理表示：“你们可以随意选择喜欢的一个。A的内容最贵重，依序为B、C、D、E、F的盒子。只是不能碰触自己不要的盒子。”就这样，大家虽然都清楚盒子上的代号，但却一直没有人选择代号为A的盒子。为什么呢？

9. 巧算容积

曾经有这样一个故事，一名毕业于名牌大学数学系的学生，因为他是学校的佼佼者，所以十分傲慢；一位老者很看不惯就给他出了一道求容积的题，老者只是拿了一个灯泡，让他计算出灯泡的容积是多少。傲慢的学生拿着尺子量了好长时间，记了好多数据，也没有算出来，只是列出了一个复杂的算式来。而老者只是把灯泡中注满了水，然后用量筒量出了水的体积，很简单就算出了灯泡的容积。

现在如果你手中只有一把直尺和一只啤酒瓶子，而且这只啤酒瓶子的下面2/3是规则的圆柱体，只有上面1/3不是规则的圆锥体。以上面的事例做参考，你怎样才能求出它的容积呢？

10. 七色花

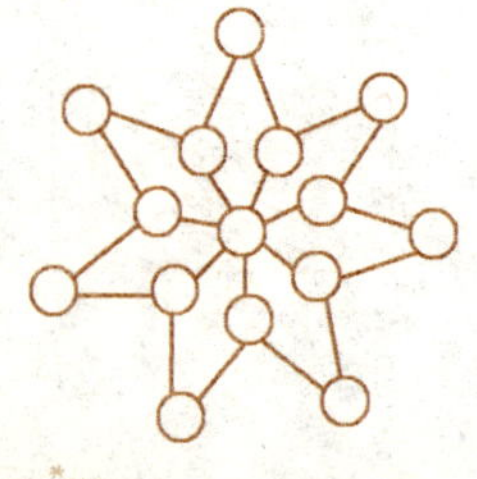

如图的七角星中有15个小圆圈。请把从1至15这15个数分别填入圆中，使每一个菱形的4个数的总和都为30。快试一试吧！

11. 巧截方形

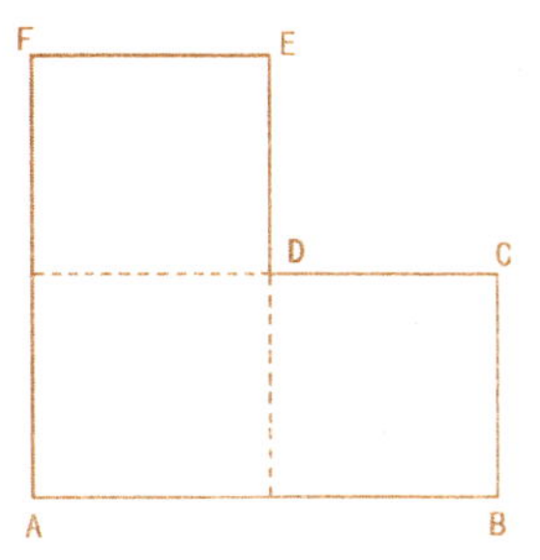

图形ABCDEF是由3块相等的正方形构成。

要求把这图形截成2份，使截得的2份能拼成一个中心为正方形孔的正方形方框。并且正方形的孔的面积，还要与图形ABCDEF的任何一块正方形方块相等。

12. 丢失的小正方形

有这样一个奇怪的现象：一个正方形被分割成几小块后，重新组合成一个同样大小的正方形时，它的中间却有个洞！

把一张方格纸贴在纸板上，按图1画上正方形，然后沿图示的直线切成5小块。当照图2的样子把这些小块拼成正方形的时候，中间真的出现了一个洞！

图1的正方形是由49个正方形组成的，图2的正方形却只有48个小正方形。究竟出了什么问题？那一个小正方形到底到哪儿去了？

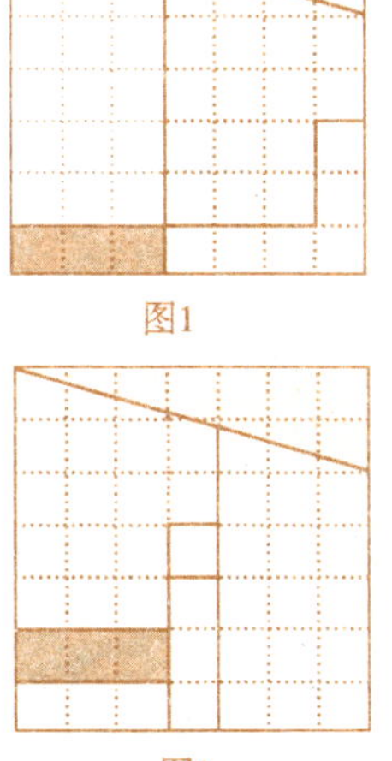

图1

图2

13. 纸块拼字

你能用17块面积相同的正方形黑纸块在一张白纸上拼出一个正方形的“口”字吗？（注意：纸块不能重叠）

14. 母鸡下蛋

一只母鸡想使每行（包括横、竖和对角线）的鸡蛋不超过两个，它能在蛋格子里下多少蛋？你能在表格中标注出来吗？图中有两个鸡蛋了，因而不能再在这条对角线上下蛋了。

15. 星星有多大

两个正三角形叠起来成为星形，在里面再画一个更小的星形（左图中阴影部分所示），如果大星的面积是20平方厘米，那么小星形的面积是多少？

16. 牛皮圈地

在很久以前，欧洲某个王国被另一个国家侵占了。国王和王后、王子都被侵略者杀死了，只有小公主蒂多带领一些武士突出包围，逃到了非洲的海岸。

蒂多公主带了一些金币登上海岸，拜访了酋长："我们都是失去祖国的逃难人，请允许我们在您神圣的领土上买一块土地生活吧。"

酋长见蒂多公主只有几枚金币，便轻蔑地说："才这么一点金币就想买我们的土地？那你只能买下用一张牛皮所圈出的土地。"

大家听了都很沮丧，可是蒂多公主却说："大家不必丧气，我有办法用牛皮圈出一块面积很大的土地。"

蒂多公主真的做到了。你知道她是怎么办到的吗？

第十三章

行动能力训练题

1. 巧取金币

有一次，国王把一块金币和一块稍大的银币放在葡萄酒杯中（如左图所示），对囚犯们说：“你们谁能不用手或其他工具，从杯中取出金币，我就给谁自由。”请想想，有什么好办法没有？

2. 喝汽水问题

1元钱1瓶汽水，喝完后2个瓶换1瓶汽水，问你有20元钱，最多可以喝到几瓶汽水？

3. 巧测球径

一个球、一把长度大约是球直径2/3长度的直尺。你怎样测出球的半径？方法很多，看看谁的比较巧妙！

4. 九圆一线

如图所示，九个圆紧密地排在一起，请你一笔画一条线，尽量少打折，使得它穿过所有的圆。有人已经画了一条线，一共打了四个折，你还有更好的答案吗？注意这条线一定要是直的，不能是曲线。

5. 难搭的桥

请搭出如下图所示的桥。乍一看，这种结构的桥是搭不出来的，因为还没搭几块，桥就会因为重心不稳而倒塌。可是，如果找到正确的思路，搭这座桥将是轻而易举的事情。

6. 结绳扣儿

有一条细绳，右手握住绳子的一端，左手握住另一端。你能否在两手不离开绳头的情况下，把这条绳子结个扣儿？

7. 巧锯木料

有一个木匠用锯子把一个边长3分米的立方体锯成27个1立方分米的小立方体（如右图所示）。显然，他只要锯6次，就可以很容易做到这一点。有一天，他突发奇想：能否把锯下的木头巧妙地叠放在一起锯，而减少锯的次数呢？木匠的奇思妙想能实现吗？

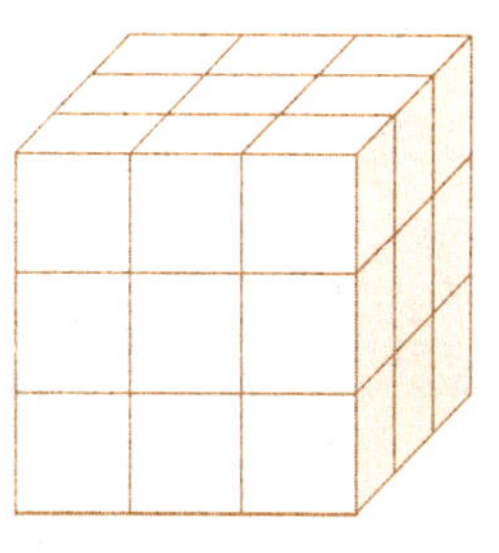

8. 巧组正方形

现有3厘米×4厘米的扑克牌12张。要求用这些扑克牌同时组合出大小不同的多个正方形。但是不能折扑克，不能重叠扑克，也不能有两个以上同样大小的正方形同时存在。

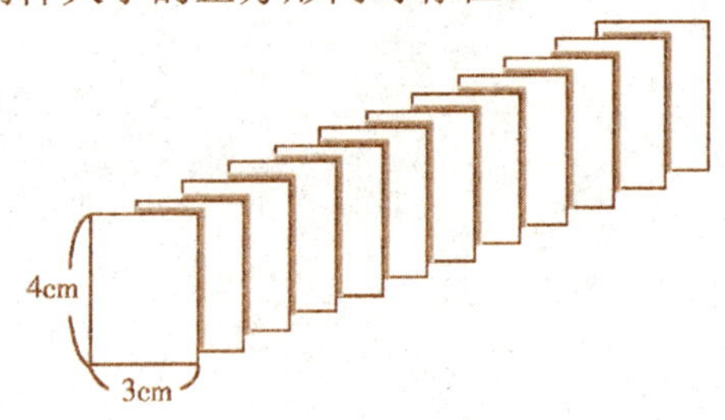

9. 数字魔方

在9×9的大九宫格里，已经给出了若干个数字，其他的空格留白，你能根据逻辑原则推断出剩下的空格中要填入什么数字吗？要求每一行、每一列中都有1到9，且每个小九宫格中也要有1到9，每一行、每一列、每一小九宫格中每个数字只能出现一次，不能重复或缺少。

4	2		7	5		6		
3	8	6				5		1
				3	1	4	8	2
6	9	7	1	4				
2	5	4				3	1	7
			2	7	5	9	6	4
1	4	8	5	9				
5		9				8	4	6
		2		8	3		9	5

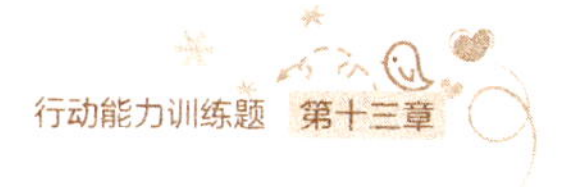

10. 圆规画蛋

在《一千零一夜》中有一个水手叫辛巴德。一天他被一只老鹰抓到窝里，他看到许多老鹰蛋。

据说该书中这一故事的插图，是由一位画家画的。图中的鹰蛋是只用圆规一次一个画出来的，画得很逼真。请问，他是怎样画出来的呢？

11. 文字迷宫

这是一个由63个字组成的文字迷宫，要求所走的相邻两个字能连成一个词。将“起点”作为入口，“终点”作为出口，且只能横走或竖走，不可斜走。请问怎样才能走出？

识	常	平	面	起	来	朝
居	住	和	面	点	头	脑
言	格	体	字	数	回	袋
论	乐	气	活	生	信	心
文	章	品	物	书	念	境
句	节	省	国	者	作	界
展	笔	家	名	景	风	丽
开	始	终	最	色	船	量
眼	目	点	要	纸	鱼	类

12. 巧走弯路

飞飞和乐乐在一条马路上走着，眼见前面的马路就要向左拐弯了，乐乐便考飞飞说："你能不往左转，就把这条马路走完吗？"飞飞笑道："这还不容易？"说罢，便快步向转弯处走去。没多一会儿，他果然没有向左转弯，就走完了这条向左转弯的路。

你知道他是怎么做到的吗？

第十四章

反应能力训练题

1. 硬币跳舞

拿一只玻璃空瓶，在瓶口边缘上滴几滴水，小心地把一枚硬币盖在瓶口上，并刚好封住瓶口，然后双手捂住这只空瓶。不一会儿，瓶口的硬币就一跳一跳的，好像是你挤出瓶里的空气，使硬币跳起舞来一样，那么你知道这是为什么吗？

2. 火车时速

安娜登上火车最后一节车厢，结果发现没有座位，于是开始以恒定的速度在火车里向前找座位，这时火车正巧经过A站。她向前走了5分钟到达前一节车厢，发现仍无座位，她又以同样的速度往回走到最后一节车厢的上车处。这时，她发现火车刚好经过B站。如果A、B两站相距5公里，火车的速度是每小时多少公里？

3. 圣诞节欢聚

泰森一家人在一起庆祝圣诞节。他们是：一位祖母，一位祖父，两位母亲，两位父亲，一位岳父，一位岳母，一位儿媳，四个孩子，三个孙子，一个哥哥，两个姐姐，两个儿子，两个女儿，问他们最少是几个人？

4. 半篮鸡蛋

往一只篮子里放鸡蛋，假定篮里的鸡蛋数目每分钟增加一倍，

一小时后，篮子满了。请问在什么时候是半篮鸡蛋？

5. 摆花盆

右图画的是一个楼梯，共有5个台阶，在每一个台阶上放一盆花，才没有空台阶。现在只有4盆花，要求放在台阶上，仍然每一个台阶放一盆花，不能有空台阶。想想看，应该怎样放？

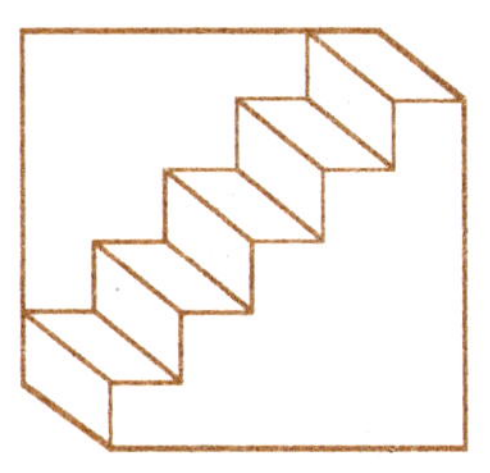

6. 花圃

城中的庭院里有开着红花的花圃和开着蓝花的花圃。然而公主却不满意地表示：“真无趣。这个国家里竟只有红、蓝两色的花圃而已。难道没有其他颜色的花圃吗？”家臣听后回答：“交给老臣好了，明天我就想办法改善，但请公主从城堡上的窗口眺望好吗？”家臣自然不会在花朵上面着色，但他打算怎么做呢？

7. 录音唱片

下图所示是一张唱片，请问，唱片外沿部分的A处录音槽转动一圈，与半径只有A槽一半的B处录音槽相比较，录音能多几倍的时间？

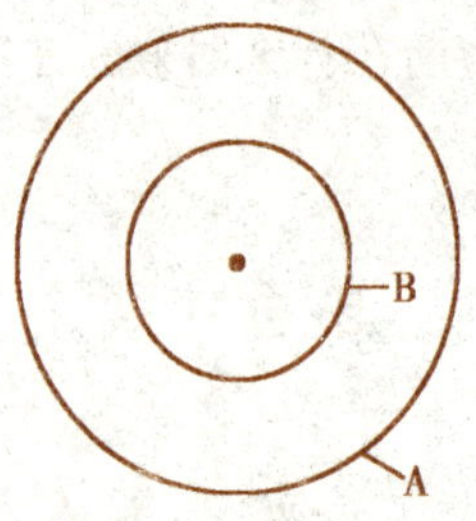

9. 重大发现

某城市动物园的一只鸵鸟被人杀害了，还被剖了腹。

警方得到报案后，了解到这是一只从非洲进口的鸵鸟，非常受游人喜爱。警方一直弄不明白为什么有人会杀害这样一只鸵鸟。后来一个警察从他家孩子的地理教科书里找到了答案，案子很快就告破了。

你知道他从地理教科书里发现了什么吗?

第十五章

变通能力训练题

1. 画像难题

上美术课，老师给同学们出了一道题："现在，我手里有一张50厘米的白纸，要求你们画一幅1米高的人物图像，10分钟交卷。"同学们一听傻眼了，心里想50厘米的白纸怎么能画出1米高的人呢？最后还是有一位同学按时交了卷。

你知道他是怎样画的吗？

2. 五边形

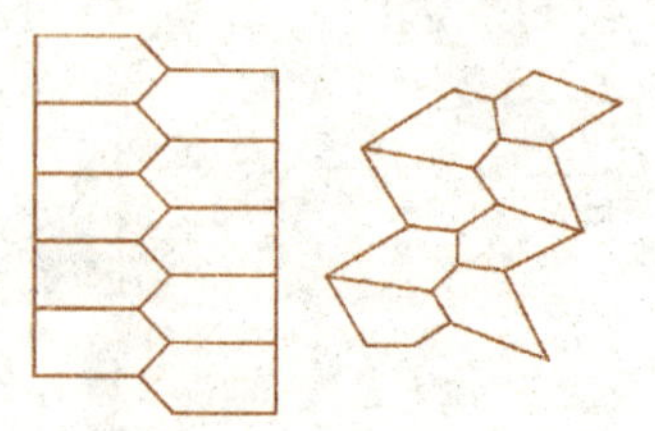

新建的波尔多城堡大厅要铺地砖，可是，主管部门要求只准铺五边形的地砖，且每个五边形瓷砖大小、形状要一样，只有铺到边上才可用碎瓷砖。那么，用五边形的瓷砖可以把地板铺得没有缝隙吗？

3. 另类制胜

在某次篮球比赛中，A组的甲队与乙队正在进行一场关键性比赛。对甲队来说，需要赢乙队6分，才能在小组出线。现在离终场只有6秒钟了，但甲队只赢了2分。要想在6秒钟内再赢乙队4分，显然是不可能的。

这时，如果你是教练，你肯定不会甘心认输，如果允许你有一次叫停机会，你将给场上的队员出个什么主意，才有可能赢乙队6分？

4. 安全过桥

有一座短桥，载重不超过3吨。开来一辆汽车，满载了3吨半的铁链，再加上汽车本身的重量，大大超过3吨的限定，那么应该怎样才能安全通过呢？

5. 一箭四落

一位老猎人教导他的三个儿子说："只有有勇有谋，才能在大森林里面生存。"

一次，老猎人在盘子上放了四个大苹果，让三个儿子用最少的箭射掉全部的苹果。大儿子比画了一下说："我要用三支箭。"二儿子一听，急忙说："那我只用两支箭。"小儿子想了一下，说："我一支箭就足够了。"

老猎人听了很高兴，夸奖小儿子聪明。大儿子与二儿子听了不服气，认为弟弟在说大话。于是小儿子一箭射出，四个苹果全都落地。

你知道他是怎样射的吗？

6. 奇怪的律师

有一个非常擅长处理离婚诉讼案件的律师，总是站在妻子这一边，免费帮她们向先生争取高额的赡养费，因而声名大噪。没想到后来，这位律师自己也面临离婚问题，不过，其原则仍没有改变，这次也是站在妻子这一边，免费替她辩护，帮她争取到高额的赡养费。可是奇怪的是，这个律师一毛钱也没损失，也没有从其他人身上拿到钱。你觉得这种事情可能吗？

7. 巧挪硬币

把8枚硬币排放在桌子上，横的5枚，竖的4枚，如图所示。如果只允许移动1枚，怎样使横着和竖着的都是5枚呢？

8. 转动的齿轮

一对椭圆齿轮可以很好地咬合转动（一对圆齿轮也可以咬合转动得很好）。但如用一个椭圆和一个圆齿轮配合，能不能很好咬合转动呢？当然这两个齿轮的轴是固定在一定位置上的。

9. 神奇的绳子

一根绳子在当中被一刀剪断了，但它仍是一根完整的绳子。这是为什么？

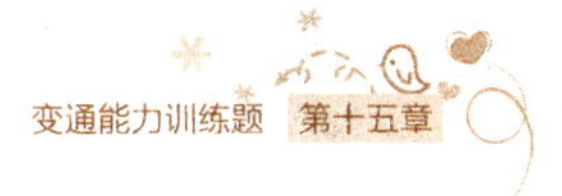

10. 木板比较

下图是两块木板的素描图，若说“B木板”比“A木板”长，其道理何在？

11. 面积之比

在一个正三角形中内接一个圆，圆内又内接一个正三角形。请问：外面的大三角形和里面的小三角形的面积比是多少？

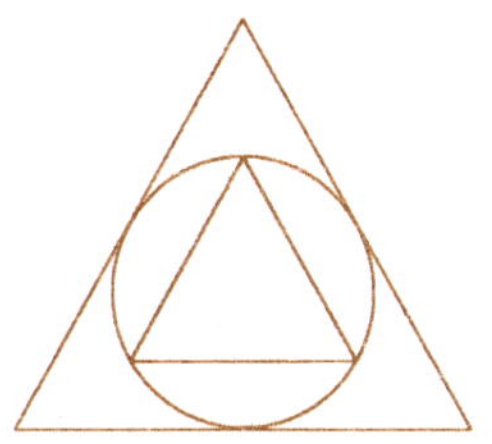

12. 房地产买卖

有一个家庭花了12万美元买了套房子，住了2个月之后，他们因工作关系要离开该城市，遂以13万美元卖出房子。过了半年，他们又重新回到这座城市工作。他们再次把房子买回来，花了14万美元。不久以后，他们想买一套更大点的房子，又以15万美元的价格把房子卖出。请问，这个家庭在房子买卖过程中赚了还是赔了，或者是不赔不赚？如果是赚了或赔了，具体金额又是多少？

13. 猫捉老鼠

如果3只猫在3分钟内捉住了3只老鼠，那么请问，多少只猫将在100分钟内捉住100只老鼠？

第十六章

转换能力训练题

1. 顺水追帽

船在流速为每小时1000米的河上逆流而上，行至中午12点时，有一乘客的帽子落到了河里。乘客立刻找到船老大，请求返回追帽子，可是当船老大听到乘客的请求时，船已经开到离帽子100米远的上流。假设这只船不需要调头时间，马上开始追赶帽子，问追到帽子再返回原地时该是12点几分？在静水中这只船航速为每分钟20米。

2. 驯犬

住在伦敦的名流A夫人，特地从美国买回来一只长毛牧羊犬的幼犬，为了使这只狗变成世界第一的名犬，她便送它到以训练动物闻名的德国哈根别克大学。一年后，长毛牧羊犬学成后返回夫人身边，没想到它连坐、举手等基本动作都没有学会。根据训练师信中所写，这只狗能够根据主人所下达的命令做出动作。夫人为此百思不得其解，请问这是怎么回事？

3. 战争

从前，在印度，一个女王拥有两匹马，她用这两匹马去攻打邻国。经过激烈的战斗，邻国国王的人马都被杀光了。战争结束后，胜利者和失败者全部并排躺在同一个地方。请你解释这是为什么。

4. 拴住的牛

村边有一棵树，树底下有1头牛，它被主人用2米长的绳子拴住了鼻子。

一会儿，牛的主人拿着饲料来了，他把饲料放在离树3米的地方，坐到一边抽烟去了。可是，没注意，牛就把饲料吃了个精光。当然，绳子很结实，没有断，也没有人解开它。请你开动脑筋，帮牛的主人想一想，牛是怎么吃的饲料？

5. 选择理发师

在一个小镇上，只有两个理发师，他们各开有一个理发店。一天，有个外地人路过此地，想理个发，但他又不知道这两个理发师谁的技术好一些。于是他便走进第一个理发店，发现这个理发师的头发七长八短。于是他又走进第二个理发店，发现这个理发师的头发整整齐齐。

这个外地人最终选择了哪位理发师？

6. 反向行驶

两个人中间有一满载重物的货车，车前的人用力往后推车，车后的人也拼命地往后拉车，但货车却反而向前走了，这种情况可能吗？

7. 棒球比赛

热闹的棒球比赛开始了，有100个棒球队进行比赛，争夺冠军，请问，最少要比赛多少场，才能产生冠军？

8. 聚集A站

一个人坐火车从A城到B城去旅行。中途在C站停下来，看了一下时刻表，知道起始站与终点站之间，由B开向A的车是每隔20分钟一趟，而由A开向B的车则是每隔30分钟一趟。这条线上没有别的支线，也没有快车或货车通过。这样一来，好像不管有多少车辆，最后都会全部堆在A站上。可实际上并不是这样，你说这是什么原因呢？

9. 不破的鸡蛋

你拿一个生鸡蛋，让它自由下落。在地上没有任何铺垫物的情况下，你能够使鸡蛋下落1米而不破吗？

10. 两地父子

两个父亲把钱给两个儿子。其中一个父亲给他的儿子1500元，另一个父亲给他的儿子1000元。但是，这两个儿子所得到的钱，加起来也不超过1500元。

请问，聪明的你知道是怎么一回事吗？

11. 维生素缺乏症

某贫困地区有30%的人患维生素A缺乏症，30%的人患B族维生素缺乏症，30%的人患维生素C缺乏症。有人断言，该地区只有10%的人不患这三种维生素缺乏症。这种说法对吗？

第十七章

语言能力训练题

1. 奇怪的回答

明朝有一个著名的文学家，叫冯梦龙。有一年夏天，冯梦龙起床后，发现后院的桃花盛开了，正在这时，有一位姓李的朋友来拜会，冯梦龙便开玩笑说："桃李杏春风一家，既然您来了，我们就到后院去，一面喝酒，一面赏看您本家吧！"他们来到后院，冯梦龙忽然想起忘了一样东西，就对书童说："你快去拿一件东西，送到后院来！"书童问："是什么东西呢？"冯梦龙随口就造了一个谜："有面无口，有脚无手，又好吃肉，又好吃酒。"书童愣在那儿，猜不出应该去拿什么。你能帮帮这个书童吗？

2. 无座主角

鲁宾斯坦（1887—1982），生于波兰，后加入美国国籍。他擅长演奏肖邦的作品，并因此享有很高的国际声誉。不管是在音乐上，还是在日常生活中，他都活得很洒脱，而且，他非常有语言天赋。

一天，他在某地的剧院里举办独奏音乐会。音乐会开始前，鲁宾斯坦站在音乐厅的包厢里，看着大批的观众涌进来听他的演奏。

包厢里的服务人员不认识鲁宾斯坦，还以为他是个买不到票的观众，就关切地提醒他说："真对不起，先生，今天已经没有位置了。"

鲁宾斯坦温和地回答说："________________"

你知道鲁宾斯坦是怎么说的吗？

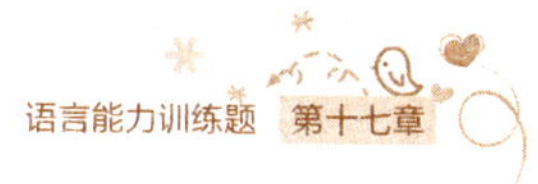

3. 机智的海涅

德国著名诗人海涅是犹太人。一次，有个人想捉弄他一下，便对他说道："我去过一个小岛，那岛上什么都有，只缺犹太人和驴了。"面对这样带有侮辱性的语言，海涅只平静地说了一句话，那人听了之后立马灰溜溜地走了。

请问海涅是怎样反击的？

4. 给蠢货让路

一次，德国著名文学家歌德在公园里散步，在一条仅能让一个人通行的小路上和一位批评家相遇了。"我从来不给蠢货让路。"批评家说。

"________________________"歌德说完，笑着退到了路边。

请问，歌德是怎样回敬这位批评家的？

5. 出谋划策

鲁道夫新开了一家超级市场，需要雇用一些财务人员，于是便在报上登了广告。第二天，刚开门便跳进来个中年人。他自称会算账，但经过考试却证明他根本就一窍不通。鲁道夫大怒："先生，您这不是耍弄我们吗？"

中年人笑笑："哦，我是个很有头脑的人。我觉得像这样的超级市场一定要有一个出谋划策的人，所以我就不请自来了。"

"那么好吧。"鲁道夫想了想，说："________________"

鲁道夫只说了一句话，就令那位中年人灰头土脸地离开了，你知道他说了什么吗？

6. 巧妙的拒绝

有一次，英国文学大师萧伯纳被一个美丽而浅薄的女明星追求。女明星想和他结婚，她的理由是："如果我俩结了婚，生出的小孩，美丽像我，聪明像你，岂不是天下第一流的人物吗？"萧伯纳听了以后，只说了一句话，就巧妙地拒绝了女明星的追求。

你知道他是怎么说的吗？

7. 小丑的脸

一次，一位很傲慢的观众在演出结束后，走到俄国著名的马戏丑角杜罗夫身边讽刺道："小丑先生，观众非常欢迎你吧？"

"还好。"

"是不是想在马戏团中受到欢迎，小丑就必须有张丑陋的脸呢？"

杜罗夫微笑着回答："的确如此，先生，如果我________，准能拿双薪。"

你知道杜罗夫是怎样回答这位无礼的观众的吗？

8. 故事的结尾

选美大赛已接近尾声。经过几轮的角逐，只剩下四位佳丽参加最后一轮的智力比赛。风度翩翩的主持人手持话筒发话了："下面四位小姐将为我们串讲一个故事。我们给出的故事引句是‘今晚的月光很好……’”

A小姐接过话筒，信口说道：“演出结束后，我独自一人走在回家的路上，忽然身后传来一声枪响……”

话筒传到B小姐手上，她接着说：“我连忙回头，看到一个警察在追逐一个持枪歹徒……”

轮到C小姐了：“经过搏斗，警察终于制伏了歹徒。”

故事讲到这儿，似乎已无话可说，可话筒此刻已递到了最后一位小姐手里。该怎样串下去才能使故事的结局新颖而巧妙呢？这位小姐灵机一动，突然想出了一个很好的结局，最后获得本次大赛的冠军。

你知道她说了什么样的结尾吗？

9. 狡猾的商人

一个狡猾的商人在路旁卖彩伞，身后有一横幅“保不褪色”，这吸引了很多人来购买。一星期后，便有人怒气冲冲地找到商人说：“你不是说保不褪色吗？你看这伞，颜色怎么掉净了？快给我退货，我不买了。”

商人说道：“________________________”

狡猾的商人只用一句话就把那人打发走了。请问他是怎么说的？

10. 无获而归

有一天，猎人出去打猎，直到天黑才回到家。他的妻子问他：“你今天打了几只野兽？”

猎人说："打了9只没有尾巴的，8只半个的，6只没头的。"他的妻子莫名其妙，弄不清他说的是什么意思。猎人到底打了几只野兽，你知道吗？

11. 遵守诺言

J·科佩（1842—1908），法国著名诗人，1884年被选为法兰西院士。有一次，一位不太出名的作家的妻子跑来找科佩，请他在法兰西学院选举院士时帮他丈夫一次忙。她说："只要有你的一票，他一定会被选上的。如果他选不上，一定会去寻短见的。"科佩答应了她的要求，投了她丈夫一票，但此人并未选上。几个月后，法兰西学院要补充一个缺额。那位太太又来找科佩，请他鼎力相助。

"呵呵，不。"科佩回答说，"________________"

你知道科佩是怎么回答的吗？

12. 女权主义

一次，出生于美国的女权主义者南希·阿斯特夫人去拜访丘吉尔。丘吉尔热情地接待了她。在交谈中，南希大谈特谈妇女权利问题，并恳切希望丘吉尔能帮助她成为第一位进入众议院的女议员。

丘吉尔不同意她的一些观点，这使得阿斯特夫人非常恼火。她对丘吉尔说："温斯顿，如果我是你的妻子，就会往你咖啡杯里放毒药！"

丘吉尔温和地接着说："________________"

丘吉尔回答得针锋相对，巧妙而幽默，你知道他是怎么回答的吗？

13. 帽子和脑袋

闻名世界的丹麦童话作家安徒生生活非常简朴，他经常戴着破烂的帽子在大街上行走。

一天，一个路人讥笑他说："你脑袋上面那个东西是什么？能叫帽子吗？"安徒生毫不在意地笑笑，回敬道："________________"

面对这样的侮辱，安徒生予以巧妙而犀利的回击，你能猜出他是怎么回击的吗？

14. 作战人数

第二次世界大战时，德国法西斯头目之一戈林问一位瑞士军官："你们多少人可以作战？"

"五十万。"

"如果我们派百万大军进入你们的国家，你们怎么办？"

"________________________________"

你知道这位瑞士军官怎么说的吗？

15. 风流韵事

《李自成》一书的作者姚雪垠出访法国时，马赛市市长以法国式的幽默问他："我国著名作家大仲马的私生活方面有很多风流韵事。我年轻时，也曾与几位漂亮姑娘同居过。姚先生风度翩翩，又有才华，年轻时有无此类事情呢？"

"我结婚早，妻子又很漂亮，所以婚后就一锤定音，再没有同别的姑娘有什么爱情。”姚雪垠笑着回答。

“这太可惜了！”市长不无遗憾地说。

“你____________________”姚雪垠说。

你知道姚雪垠是怎么回答的吗？

16. 巧读宝塔诗

你知道这首诗怎么读吗？

开山满桃山杏山好景山来山客看山里山僧山客山山中山路转山崖。

17. 作家逸事

有一次，在美国洛杉矶举行的中美作家联谊酒会上，美国著名诗人金斯伯格请中国作家蒋子龙猜谜：把一只5斤重的鸡装进一个只能装1斤水的瓶子里，用什么方法把它拿出来？

蒋子龙立刻回答说：“________________________”

金斯伯格哈哈大笑，伸出大拇指说：“你是第一个猜出这道题的人！”

请问，蒋子龙是怎么回答的？

第十八章

整合能力训练题

1. 最好的方法

李医生刚刚申请开了一家小药店，手头只有一架天平，一只5克和一只30克的砝码。一天，店里来了一位顾客，要购买100克某贵重药粉。如果用30克砝码称三次，再用5克砝码称两次，共五次就可以称出100克药粉。可是，药店生意繁忙，顾客又希望越快越好。称一次无论如何也无法称出100克。那么，你能想一种又快又好的方法吗？

2. 安全到达

一位司机驾着小轿车从海南到湖北去会见朋友，半路上忽然有一个轮胎爆了。当他把轮胎上的四个螺丝拆下来，从后备箱里把备用轮胎拿出来时，不小心把四个螺丝踢进了下水道。司机该怎么做才能使轿车安全地开到距离最近的修车厂？

3. 一夜忽变

如果早上醒来，发现自己在每个方向上都大了一倍，高了一倍，胖了一倍，厚了一倍，那么你的体重是以前的几倍？

4. 债务清理

人与人之间应该清楚，借人钱财应该及时结算偿还。有一句谚

语说得很好："好借好还，再借不难。"有一次，四个人彼此互相借钱，埃克借了布恩10美元；布恩借了查理20美元；查理借了迪克30美元；迪克又借了埃克40美元。

碰巧，四人偶然相遇，大家商议就此机会把钱互相还清。可是他们动用的钱很少，就互相还清了债务。你猜猜，他们是怎样办到的？

5. 计策

据说，古希腊哲学家泰勒斯曾经做过吕底亚王克劳苏部下的一名士兵。一次，吕底亚王率部出征，来到一条河边。由于河水较深且湍急，又没有桥梁与渡船，吕底亚王无可奈何地望河兴叹。正当吕底亚王无奈之际，泰勒斯献了一条计策，使大部队在一无桥梁、二无渡船的情况下，顺利地渡过了河。

泰勒斯献了一条什么计策？

6. 循环赛

在一场乒乓球循环赛中，所有的乒乓球队之间都进行了比赛，并且没有任何队在比赛中全胜。那么，请你证明，这些乒乓球队中，存在这样三个队甲、乙、丙，它们的比赛结果是甲胜乙，乙胜丙，丙胜甲。

7. 倒粮食

在一个袋子里先装小米，用绳子扎紧袋子后，再装进大米。在没有任何容器，也不能将它们倒在地上或其他地方的情况下，你能把小米倒入另一个袋子中吗？

第一章　参考答案

1.B。

2.A。

（分针逆时针转动的格数依次是1、2、3……时针先顺时针移动2格，再逆时针移动2格，如此循环。）

3.第一组数字和第二组数字之和相同。仔细观察会发现，两组数字均由1、2、3、4、5、6、7、8、9组成，只是出现的顺序不同。

4.8—10—7—3—2—11—5—4—13—1—6—9—12

5.把纸卷起来（如图），然后在纸的边缘上画两个点，使每一点都同时落在两层纸上。打开纸后，就会见到四个点，其中两个点与另两个点之间的距离相等。

6.只有一个，5。

7.d。

8.20个。

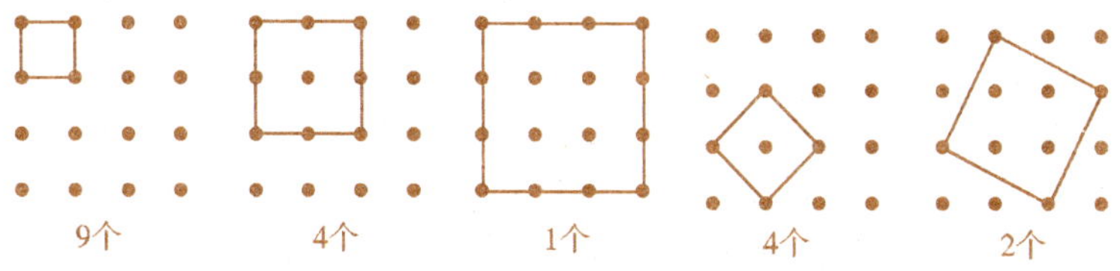

9.这是一个镜像时钟，需要通过镜子映照看到真实的时间。事实上，如图所示，数字都是反过来的，12点11分是11点51分、11点51分是12点11分、12点51分正好也是12点51分。帆帆是看到了没经镜子映照的数字。

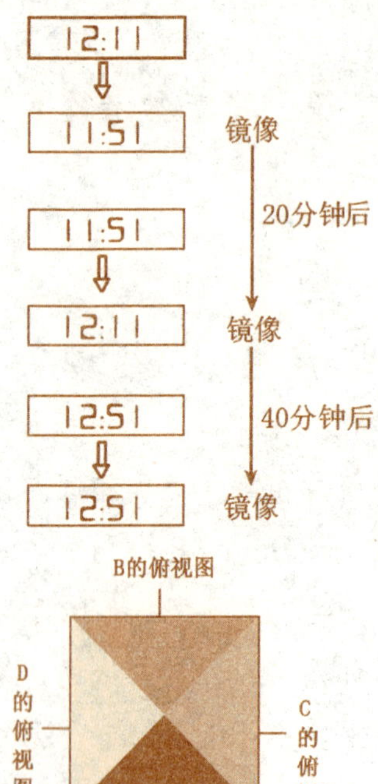

10. 如图所示：

B的俯视图

D的俯视图

C的俯视图

A的俯视图

11. 3。每个图形上面三个数字之和与下面两个数字之和相等。

12. 如果图形的交点，由2、4、6等偶数线条的偶点组成，能从其中任一点开始，不重复地经过所有的线，再回到开始点，那么便能一笔画出图形。这是因为由一条线画到一个点，必须另有一条线，才能不重复地画出来。

13. (1) 0和1之间，4和5之间。

(2) 8和9之间，“10”的1和0之间。

(3) “14”的1和4之间，15和16之间。

(4) 8和9之间，10和11之间。

(5) 9和10之间，13和14之间。

(6) 10和11之间，“14”的1和4。

(7) “10”的0和1之间，“14”的1和4之间。

(8) 18和19之间，19和20之间。

14. 24个。靠边又不占角的切块都满足条件。在右图中仔细数一下就可以知道，共有24个。当然，背面也不要忘了！

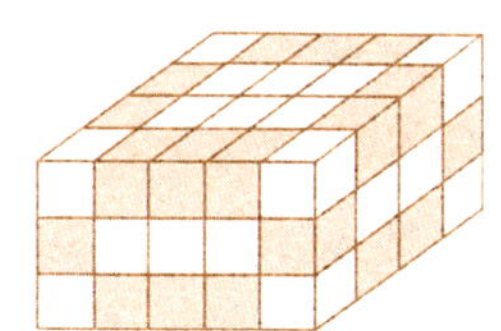

15. 路线如下图，所花的船费只有13元。

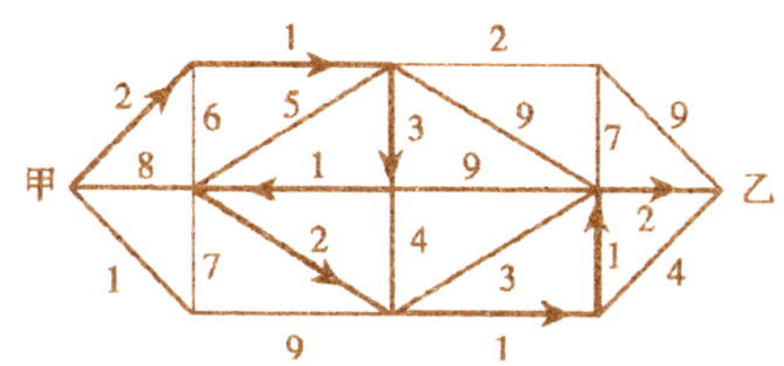

16. 小丙先和甲下那盘棋，让甲先走，另一盘让乙后走。然后，小丙看甲怎么走，就搬过来对乙，再看乙走哪一步，又搬回来对甲。这样，表面上是小丙同时下两盘棋，实际上是甲、乙对下。甲、乙不可能同时赢，小丙就不是两盘都输。

17. 梅花9，把红桃和方块两种红色扑克牌看成是正数，把黑桃和梅花两种黑色扑克牌看成是负数。在图中，每列扑克牌最下面一张等于上面两张牌数值之和。

18. 如图所示：

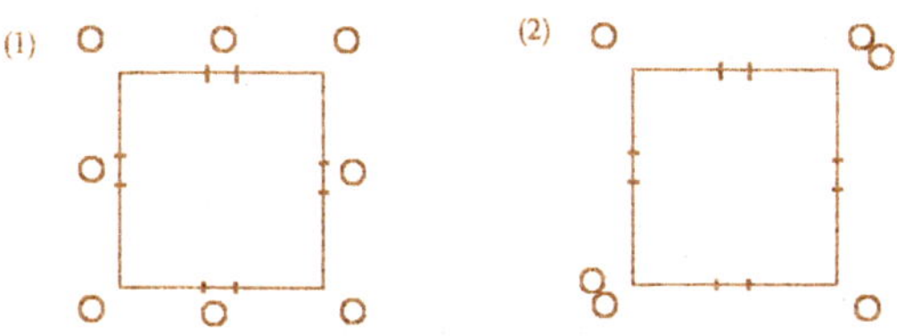

19. 规律是：每一个分割的图形中都有三种不同形状的菱形，虽然有好几种方法可以把这个多边形分割成这些基本形状，但每一种分割的性质都是相同的：有6个狭长的菱形和6个中等的菱形以及3个正方形。

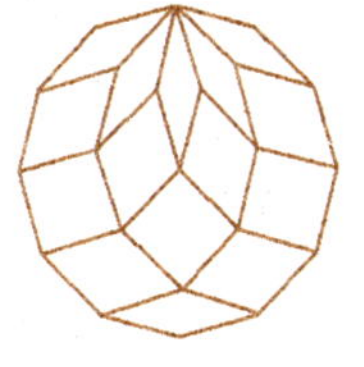

20. 接下去的四个数字是21、34、55和89。每个数字是前面两个数字之和。数列中越靠后的连续两项之比就越接近著名的黄金比例，即1：0.6180037。

21. 24。（当我们面对的问题当中充满“代号”的时候，如果我们能够通过观察找到规律，并借助数学方法分析出各个“代号”所代表的意义，那么很多问题就会变得很简单。比如这道题，我们就可以通过上述方法得出，空心五星=5，六角形=4，实心五星=3，问题一下子就简化了许多。）

22.157块。如下图所示：

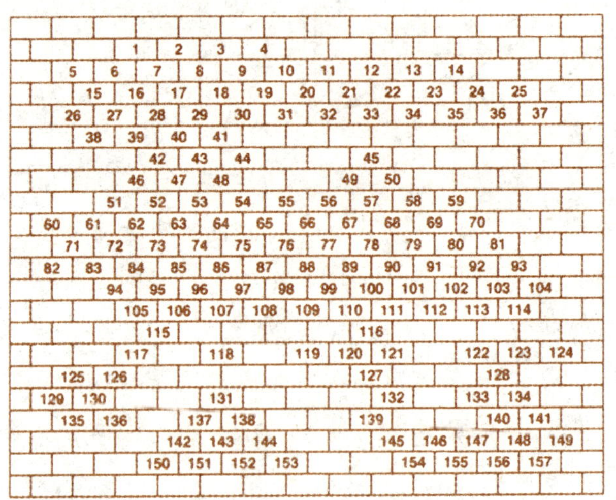

23.舰长的检查路线如下：从2号指挥中心进去，然后是E、N、H、3、J、N、M、4、L、3、G、2、C、1、B、N、K、3、I、N、F、2、D、N、A、1。

24.如图所示：

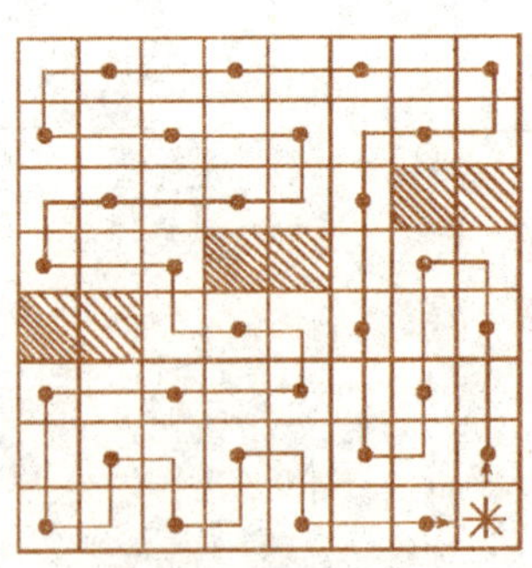

25.如图所示：

第二章　参考答案

1.第一轮中被扔下船的人为1，3，5，…，599，在第二轮中，被扔下船的就是原来报2，6，10，…，598的人，依此类推，最后得出512。其实，只要选择小于600的最大的2的n次方即可得到答案。这种类型的题，不论题中给出的总数是多少，小于等于总数的2的n次方的最大值就是最后剩下的数。

2.把三个仓库命名为A、B、C，甲、乙、丙分别拿一个仓库的钥匙，再把剩下的钥匙这样安排：A仓库内挂B仓库的钥匙，B仓库内挂C仓库的钥匙，C仓库内挂A仓库的钥匙。这样，无论谁，都能凭着自己掌握的一把钥匙进入三个仓库。

3.游击队员在哨兵刚进岗亭时就开始走，走了4分钟时就已经过了岗亭，然后转身慢慢往回走（往桥头方向走），当哨兵出来见到他时就会命令他往回走（往桥尾方向走），这样他就可以过桥了。

4.第一步：小华与弟弟过桥，小华回来，耗时4秒。

第二步：小华与爸爸过河，弟弟回来，耗时9秒。

第三步：妈妈与爷爷过河，小华回来，耗时13秒。

最后一步，小华与弟弟过河耗时3秒。

全家人都已过河，总共耗时29秒。

5.假如100这个数可以分成25个单数的话，那么就是说奇数个单数的和等于100，即等于双数了，而这显然是不可能的。

事实上，这里共有12对单数，另外还有1个单数。每一对单数的和是双数——12对单数相加，它们的和是双数，再加上1个单数不可能是双数，因此，100块壁画分给25个人，每个人都不分到双数是不可能的。自首的盗墓者想出这一招是想嫁祸给他的手下，好让自己一人私吞赃物。

6.卖给要买12升水的客人。乍看之下，可能会让人觉得只要由

25升的皮囊中倒出6升水，再把剩下的卖给第一位客人即可。但是，皮囊装有25升水的事情，只有商人自己知道，客人并不知道。任何事都有大前提。在交易方面，让客人了解就是大前提。这个问题或许会出现多种解答方法，但首先能满足大前提者，才是正确的答案。

7. 坐在D位置的萧先生点了牛排。解答此题的关键在于“邻座的人都点了不一样的东西”，因此，只要顺利排出各人所点的东西，并且填入他们的主菜，就能得出正确答案。

根据提示，萧先生及坐在B位置的人都点了玉米浓汤，换言之，萧先生一定是坐在D的位置；李先生及连先生都点了冰咖啡，同理可推，这两人也势必相对而坐，那么，连先生坐在C的位子已是毋庸置疑了。

8. 一共需要9架飞机。假设绕地球一圈为1，每架飞机的油只能飞1/4个来回。与原机（也就是要飞地球一圈的飞机）飞行方向相同的跟随加油的飞机以将自己的油一半给要供给的飞机为原则，那么跟随飞机就只能飞1/8个来回。推理得以4架供1架飞机飞1/4的方法进行，那么原机自己飞行1/4到3/4的那段路程，0至1/4和3/4至4/4由加油机加油供给，就是给1/2的油，原机就能飞1/4了，所以跟随和迎接两个方面分别需要供油机在1/4处分给原机一半的油，供油机在1/4处分完油飞回需4架飞机供油，所以综上所述得4×2+1＝9。

9. 第一步：对前三个进行比较大小，对于最大的心里要有一个概念。

第二步：中间三个作为参考，确认最大的一个的平均水平。

第三步：在最后四个中选择一个属于最大一批的，闭上眼睛不再观察之后的。这就是最大的一颗。

10. 这样的结果是可以发生的。

第一次：甲、乙、丙、丁。

第二次：乙、丙、丁、甲。

第三次：丙、丁、甲、乙。

第四次：丁、甲、乙、丙。

11. E=7，W=4，F=6，T=2，Q=0，A=1，东路兵力是7240，西路兵力是6760，总兵力是14000。细心分析，可以发现只能是Q+Q=Q，而不可能是Q+Q=2Q，故Q=0；同样，只能是W+F=10，T+E+1=10，E+F+1=10+W。所以有以下三个式子：

（1）W+F=10

（2）T+E=9

（3）E+F=9+W

可以推出2W=E+1，所以E是单数。另外E+F>9，E>F，所以推算出E=9是错误的，而E=7是正确的。

12. 牧童问："你会说话吗？"如果是说真话的强盗，回答定是"是"。而说谎话的强盗，回答一定是"不"，剩下的那个肯定是说一半谎话一半真话的强盗。

13. 能。

首先，让士兵甲跑步，士兵乙和丙骑车子，骑到全程2/3处停下，士兵乙再骑车子回来接甲，士兵丙这时跑步往营地赶。士兵乙会在全程1/3处接到甲，然后他们骑着车子往营地赶，他们可以和士兵丙同时赶回营地。按这种方法，他们需要用时50分钟，所以他们可以提前2分钟赶回去。

14. 他们说得都对。地球是一个圆球体，为了区分"今天"和"明天"，经过人们协商，在180度经线附近，划定了一条国际日期变更线，凡是通过这条线的船只，都要变更日期。从上海开往美国的船只，一开过这条线就要少算一天，假如原来已经过了元旦，就能再过一次元旦。

而从美国开到上海的船只，一越过这条线，就得多算一天，所以就过不了元旦了。

15. （1）E

A、B首先给予排除，因为明显违反条件（2）；C、D不符合条件（3）。因此，选E。

（2）D

王和李性别相同，A违反条件1；林必须同王或赵同组，或者同时与王、赵同组排除B和E；C组合中郑只能与张、赵一组，违反条件（1），排除。因此选D。

（3）C

帆不能在张那一组，排除A；根据条件（3），排除B、E；根据条件（1），排除D。故选C。

（4）A

根据条件（1），三个成年女性分别分在三个组里，两成年男子分别分在两个组里，剩下的四个孩子再做分配，必有两个孩子在一起，要跟一个成年女性。所以A是正确的。其他选项都不确定，最后一项是完全错误，与条件（1）相悖。

（5）D

首先排除B，因为张和帆同组。张和王同组违反条件（1），排除A；根据条件（3），排除C；根据条件（1），排除E。故选D。

16. 如果是一天早上8点，有“两个”和尚分别从山上的庙和山脚同时出发，并且只有一条路可走，你想他们是不是一定会相遇。换一种说法，就是小和尚在同一钟点到达山路上的同一地点。

回到问题，星期一和星期二都是8点出发，又是相向的走同一条路，如果能跨越时间思维的局限，把星期一和星期二都8点出发看成是小和尚有分身之术，那么同一天的8点分别从山上的庙和山脚出发，“今天的小和尚必然和昨天的自己”相遇就不难理解了。这样，就能证明小和尚能在同一钟点达到同一地点了。

17. 从题意中可以很明显地发现小甜和小蜜并不是主人，而是水缸里养的两条金鱼，所以李管家并没有报警。因为没有其他人在房间，并且水缸是不会自己翻倒的。由此可以断定是安卡在工作中太不小心，打碎了水缸，致使两条金鱼意外死亡。所以，李管家把安卡解雇了。

18. A是北区人；B是南区人，获得铜牌；C是中区人；D是局外人，获得金牌；E是局外人，获得银牌。

说话者之中有一个是南区人，一个是中区人，一个是北区人，两个是局外人。

E第三次说的话是真实的，B的第四次陈述是真实的，因此E可以肯定要么是中区人，要么是两个局外人之一。

C第一次说的可能是虚假的，也可能是真实的。如果是真实的，B要么是南区人，要么是两个局外人之一。如果是假的，那么C就是中区人。

D第四次陈述，即C不是北区人，是真实的。因此，B、C、D、E每个人至少有一次真实的陈述。因此，A是北区人，此陈述是假的。

A第二次陈述，即B不是南区人，是虚假的。那么，B是南区人，此说法是真的。

B第二次陈述，即C的第一次陈述是虚假的，所以C是中区人。

C第一次和第三次是虚假的，第二次和第四次陈述是真实的。以此，也可以推出D和E是两个局外人。

A第三次陈述是虚假的，D赢得了金牌。

B第一次陈述是真实的，E赢得了银牌。

C第三次陈述，即B没有赢得铜牌，是虚假的，B赢得了铜牌。

D第一次和第四次陈述是真实的，第二次和第三次陈述是虚假的。

E第二次和第三次陈述是真实的，第一次和第四次陈述是虚假的。

19. 由小明第一句话可知，此月可能为3月或9月。因为6月有个7日，12月有个2日，如果M为6或12的话，小强有可能知道，而小明肯定不知道。

由小强的话可知，此日可能为1日、4日或8日。因为如果N为5的话，小强无法判断是3月5日还是9月5日，而不会说现在我知道了。

由小明第二句话可知，此月必为9月。因为如果是3月，小明无

法判断是3月4日还是3月8日，而他说那我也知道了。

综上所述，生日是9月1日。

20.有四个人戴了白帽子。

假设有一个人戴了白帽子，第一次亮灯时，他会看到别的人都没有戴白帽子，但白帽子是至少有一顶的，所以他可以判断自己戴的是白帽子，那么，他将在第一次熄灯后拍掌，因为这时没有人拍掌，所以推测数量大于一。假设有两个人戴了白帽子，戴白帽子的人会看到另外一顶白帽子，但第一次熄灯后没有掌声，说明白帽子的数量大于一，所以戴白帽子的这个人会知道自己也戴的是白帽子，这样，在第二次熄灯后会有两次掌声，但是没有，说明数量大于二。由此推理下去，因为是在第四次熄灯后才出现掌声，所以说共有四个人戴了白帽子。

21.因为是循环赛，每两队间不可能赛两场。中国队得3分，只输；意大利队得7分，没赢，所以这两个队尚未比赛，比赛只进行了两场。中国输给了巴西，而巴西得21分不可能胜两场，所以巴西、意大利踢平。意大利得7分，故进了两个球，与巴西比赛是2：2平。巴西在同中国的比赛中得了14分，踢进了四个球，比分为4：3。

22.设大老虎为ABC，相应的小老虎为abc，其中c会划船。

（1）ac过河，c回来（a小老虎已过河）。

（2）bc过河，c回来（ab小老虎已过河）。

（3）BA过河，Bb回来（Aa母子已过河）。

（4）Cc过河，Aa回来（Cc母子已过河）。

（5）AB过河，c回来（ABC三只大老虎已过河）。

（6）ca过河，c回来（ABCa已过河）。

（7）cb过河，大功告成！

23.（1）先给四个罐子编号1、2、3、4。

（2）如果已知只有一个罐子被污染：则1号1个，2号拿2个，3号拿3个，4号拿4个，称一下，再减去10个药丸的标准重量。结果可

能为1、2、3、4。

若是1，就是1号罐；

若是2，就是2号罐；

若是3，就是3号罐；

若是4，就是4号罐。

（3）如果四个罐子都可能被污染，也可能不被污染：则1号拿1个，2号拿2个，3号拿4个，4号拿8个，称一下，再减去15个药丸的标准重量。结果可能为0、1、2、3、4、5、6、7、8、9、10、11、12、13、14、15。

若是0，四个罐子都没被污染。

若是1，就是1号罐。

若是2，就是2号罐。

若是3，就是1、2号罐。

若是4，就是3号罐。

若是5，就是1、3号罐。

若是6，就是2、3号罐。

若是7，就是1、2、3号罐。

若是8，就是4号罐。

若是9，就是1、4号罐。

若是10，就是2、4号罐。

若是11，就是1、2、4号罐。

若是12，就是3、4号罐。

若是13，就是1、3、4号罐。

若是14，就是2、3、4号罐。

若是15，四个罐子全被污染。

（步骤3实际上已经包含步骤2。）

24.

房号	房间1	房间2	房间3	房间4	房间5
国籍	挪威人	丹麦人	英国人	德国人	瑞典人
颜色	黄色	蓝色	红色	绿色	白色
饮料	矿泉水	茶	牛奶	咖啡	啤酒
香烟	Dunhill烟	混合烟	Pall Mall烟	Price烟	Blue Master烟
宠物	猫	马	鸟	鱼	狗

推理过程过于烦琐，用6×6表格法填写，关键在于决定矿泉水的位置。得到结论如上。

所以，德国人养鱼。

25.分析：第一个人选择17颗豆子时，存活概率最大。他也有先动优势。他有可能被后面的2、3、4、5号逼死，但可能性不大。假如第一个人选择21颗豆子，那么1号将把自己暴露在一个非常不利的环境下。2、3、4号就会选择20，5号就会被迫在1～19中选择，则1、5号被处死。所以，1号会选择一个更小的数。

如果1号选择一个小于20的数，2号就不会选择与他偏离很大的数。因为如果偏离大，2号就会死，只会选择+1或−1，离死的概率会小一些。当考虑这些的时候，必须要学会逆向考虑。1号需要考虑2、3、4号的选择，2号必须考虑3、4号的选择，而5号会没有选择。

用100/6=16.7，1号最终必然是在16、17中做选择，这样生存的概率会很大。在分别对16、17计算概率后，得出有三个人会选择17，如果第四个人选择16，则为均衡的状态，但是4号选择16不及前三个人选择17生存的机会大；若4号也选择17，那么整个游戏的人都要死（包括他自己）！因此，只有按照17、17、17、16、N（1～33随机）选择时，1、2、3号的生存机会最大。

26.首先从5号海盗开始，因为他是最安全的，没有被扔下大海的风险：因此他的策略也最为简单，即最好前面的人全都死光光，那么他就可以独得这100枚金币了。

接下来看4号，他的生存机会完全取决于前面还有人存活着，因为如果1号到3号的海盗全都喂了鲨鱼，那么在只剩4号与5号的情况下，不管4号提出怎样的分配方案，5号一定都会投反对票来让4号去喂鲨鱼，以独吞全部的金币。哪怕4号为了保命而讨好5号，提出（0，100）这样的方案让5号独占金币，但是5号还有可能觉得留着4号有危险，而投票反对以让其喂鲨鱼。因此理性的4号是不应该冒这样的风险，把存活的希望寄托在5号的随机选择上的。他唯有支持3号才能绝对保证自身的性命。

再来看3号，他经过上述的逻辑推理之后，就会提出（100，0，0）这样的分配方案，因为他知道4号哪怕一无所获，也还是会无条件地支持他而投赞成票的，那么再加上自己的1票就可以使他稳获这100枚金币了。

但是，2号也经过推理得知了3号的分配方案，那么他就会提出（98，0，1，1）的方案。因为这个方案相对于3号的分配方案来说，4号和5号至少可以获得1枚金币，理性的4号和5号自然会因为觉得此方案对他们来说更有利而支持2号，不希望2号出局而由3号来进行分配。这样，2号就可以屁颠屁颠地拿走98枚金币了。

不幸的是，1号海盗更不是省油的灯，经过一番推理之后也洞悉了2号的分配方案。他将采取的策略是放弃2号，而给3号1枚金币，同时给4号或5号2枚金币，即提出（97，0，1，2，0）或（97，0，1，0，2）的分配方案。由于1号的分配方案对于3号与4号或5号来说，比2号的方案可以获得更多的利益，那么他们将会投票支持1号，再加上1号自身的1票，97枚金币就可轻松落入1号的腰包了。

因此标准答案为：1号海盗分给3号1枚金币，4号或5号2枚金币，自己则独得97枚金币，即分配方案为（97，0，1，2，0）或（97，0，1，0，2）。

27. 三条病狗。

（1）假如有一条病狗，那主人肯定不能看自己家的狗，出去没有发现病狗，但村民委员会主任却说有病狗。他就会知道自己家的狗是病狗，那么第一天就应该有枪声，但是事实上大家并没有听到枪声，因此推出病狗不是一条。

（2）假如有两条病狗，设为甲家和乙家。第一天甲和乙各发现对方家的狗是病狗，但是第一天没有听到枪响。因此第二天就会意识到自己家的狗也是病狗。接着第二天就应该有枪响，但事实上也没有，所以两条病狗也不对。

（3）假设有三条病狗，设为甲、乙、丙家。第一天甲、乙、丙各发现两条病狗，他们就会想第二天晚上就会有枪响，但是第二天晚上没枪响，第三天晚上他们就会意识到自己家的狗也有病，所以开枪杀狗。因此通过假设，我们可以看出这个村里有三条病狗。

第三章　参考答案

1.C。

2.略。

3.略。

4.B。A、C、D都有不同程度的错误。

5.略。

6.略。

7.公交车共停了8站。

8.如果死记硬背，5分钟内要按顺序记下二十个独立的词语，确实有些难度。我们不妨继续采用联想记忆法，将这些词联想为：自己吃饭的桌子突然变成了七彩云朵，托起了坦克；飞过之处落下了许多铅笔，落到地上变成了大树；坐在大树上看戏，口渴了，想喝开水；拽着气球飘下树，正落到一头母牛身上，母牛说话了，让你快去上自习；自习课上学了武术，使你一下跳上百货大楼楼顶；不知什么时候，楼顶修成了公路；公路上跑来一只怪物，托着你的房间往大炮里送，要打通校园的地面连接美国的暖气。这样记起来是不是轻松多了呢?

9.略。

10.略。

11.D。

第四章　参考答案

1.（1）如图：

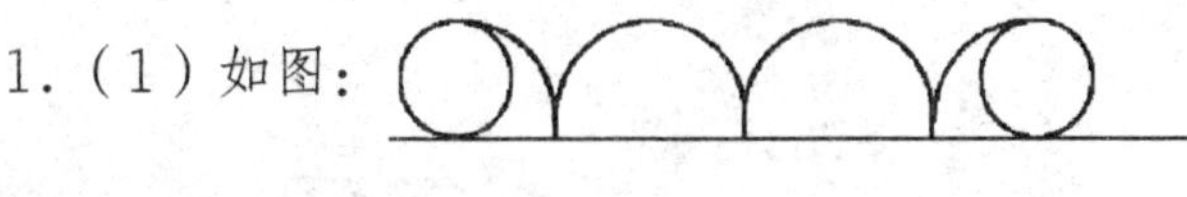

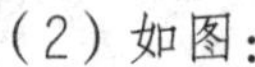

（2）如图：

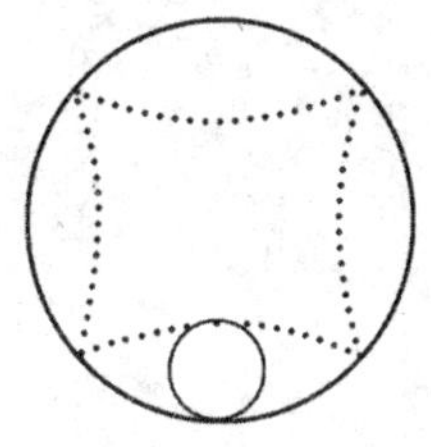

2.最后朝上的一面是5。

3.很明显，1：05左右有一次，2：10左右有一次，3：15左右有一次，4：20左右有一次，5：25左右有一次，6：30左右有一次，7：35左右有一次，8：40左右有一次，9：45左右有一次，10：50左右有一次，12：00整有一次。24小时之中总共22次。

而且，相邻两次重合之间所需时间相同，即12/11小时。准确说都分别是0点，12/11点，24/11点，36/11点，48/11点，60/11点，72/11点，84/11点，96/11点，108/11点，120/11点，12点，144/11点，156/11点，168/11点，180/11点，192/11点，204/11点，216/11点，228/11点，240/11点，252/11点。

有趣的是这十一个点，正好是圆内接正十一边形，其中一个顶点在12点处。

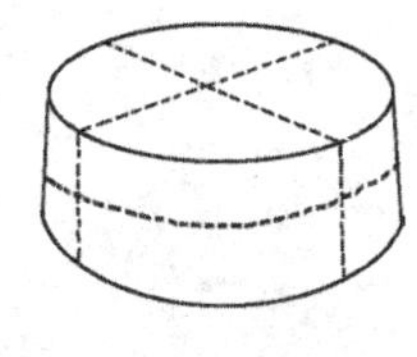

4.拿着刀，在蛋糕的表面上比画来比画去，你永远不可能找到正确的切法，要充满想象，从平面向立体飞跃。按右图切。先切十字，再拦腰给一刀就可以了。

5.在日常生活中，大家都知道盲人无法用眼睛辨别颜色而只能依靠触觉。顺着这个思路，我们可以试图找寻问题的答案。而黑色和白色除了在人眼中颜色不同还有什么不一样的特性。将两条线索归纳到一起就可以找到解决问题的方法，即将八双袜子放在太阳下晒，黑色袜子比白色袜子更能吸热，用手触摸后即可辨别哪双是黑袜子。

6. 如图所示：

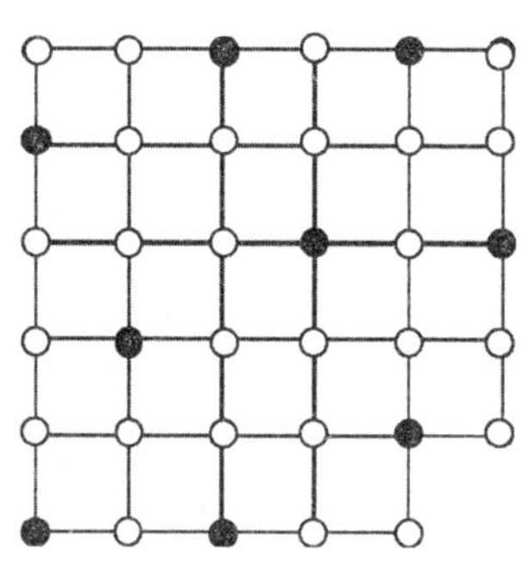

7. 形状如图所示，是一个正方形。

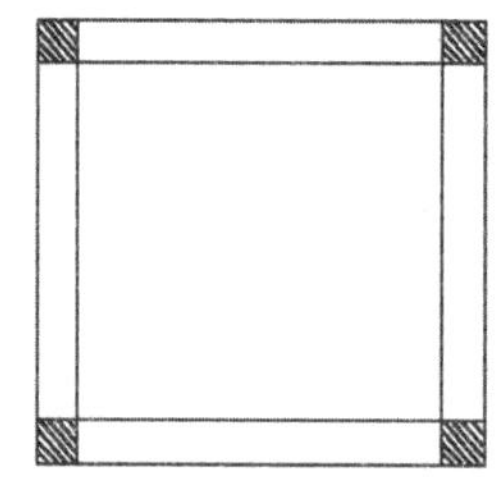

8. 由于两枚硬币的圆周是一样的，因此，你可能认为硬币A在紧贴硬币B“公转”一周的整个过程中，仅围绕自己的中心“自转”了一周，即一个360度，但当你实际操作一遍，你就会惊奇地发现，硬币A实际上“自转”了两周，即两个360度。

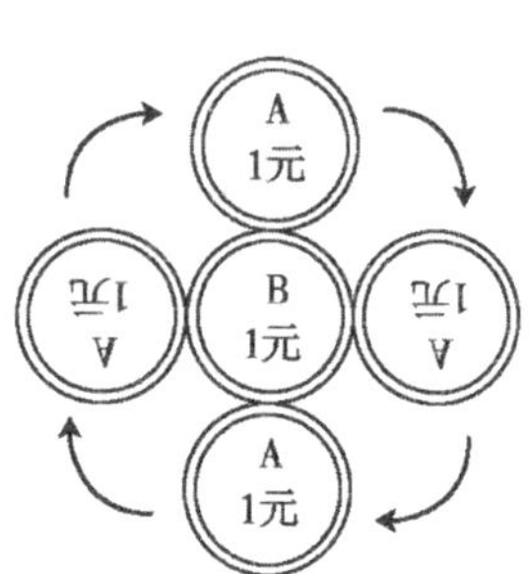

9. 如图所示：

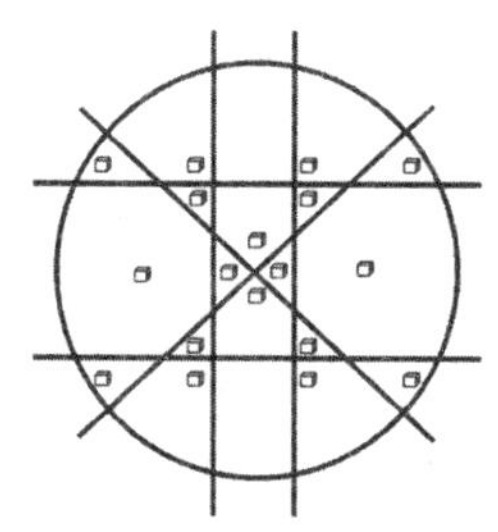

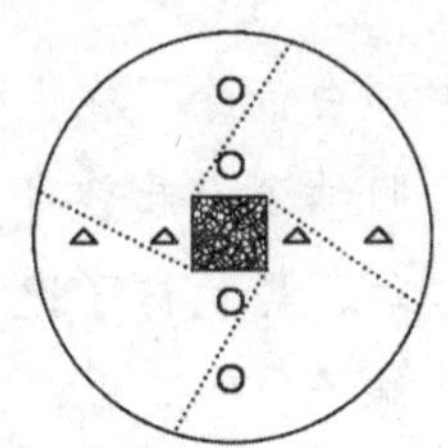

10. 圆中的孔为正方形，将铜钱切割成四块，每块应占有正方形的一个边，围绕这个中心思考，才能找到途径。可按右图中虚线所示进行切割。

11. 如图所示：

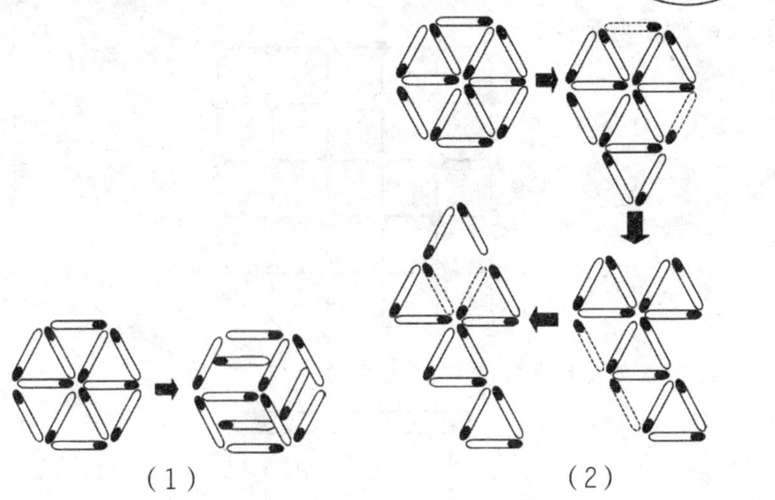

12. 将立方体展开（如下图所示），A和B的连线就是最短的路线。

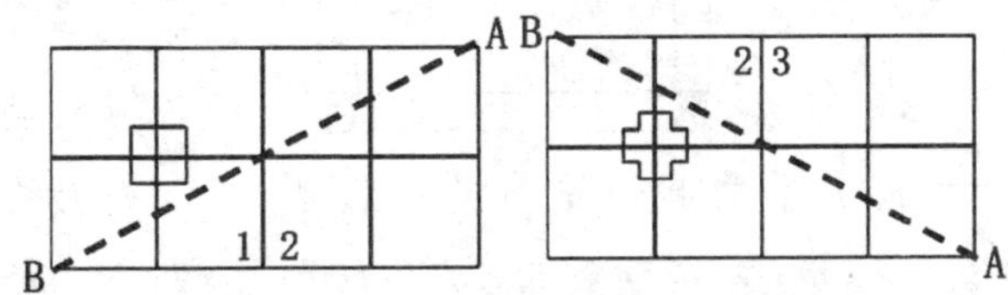

13. 方法1：如图①割一块细长形状的木块，再倒过来填上去。

方法2：如图②在准备做成圆洞的地方，挖出一个圆形的木块再填回原来的圆洞。

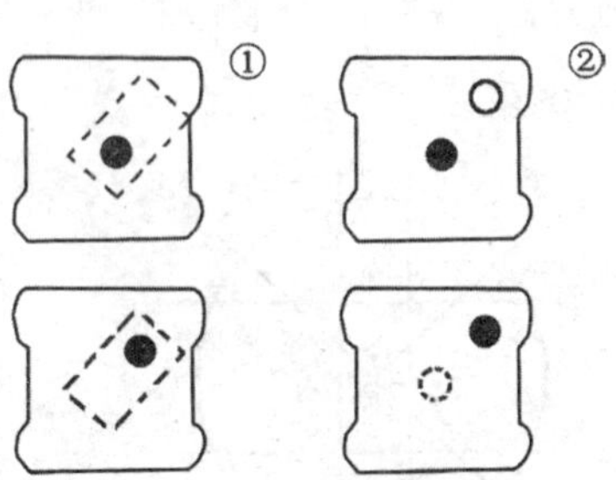

第五章　参考答案

1.这把锁设计上的巧妙之处在于，如果你把钥匙拔出来，锁栓就变成了一条直线，那样你不用钥匙就可以把门打开了。事实上，只有你把钥匙插进去才能把门锁住。

2.如右图所示，把纸靴夹在方框中，再把方框对折起来，从方框的下端套小圆环，然后再套在纸靴上。

3.不用数就能判断出有多少条线段来，每个点可以引出14条线、15个点，共210条线。但每条线都有两个点相连接，即被算了两次，所以答案应为210的一半，即105条线。

4.丽丽在三只盛水的玻璃杯中，把中间的那只里的水，倒入三只空杯中间的那只里，然后把空杯放回原处就行了。

5.把单词“man”（可以泛指人或男人但不一定是一个人）改为“person”。否则，可能这个“man”有一个妻子甚至很多女儿，是她们在敲门。

6.先放的玩家可以遵循以下规则，从而总是获胜：将第一枚硬币放在桌子的正中心，然后，接下来的每一枚硬币都放在对手所放硬币的对称位置上。这个方法总是可行的。因为先放置硬币的玩家的放置总是安全的，所以不会输。后放置硬币的玩家最终会无法再放上硬币。

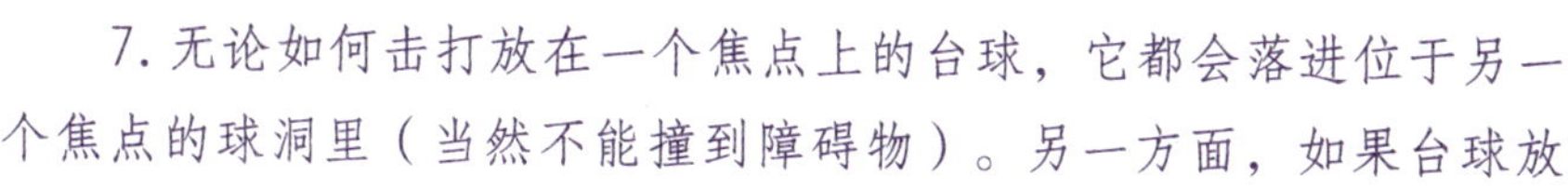

7.无论如何击打放在一个焦点上的台球，它都会落进位于另一个焦点的球洞里（当然不能撞到障碍物）。另一方面，如果台球放在两个焦点之间，那无论如何击球，都不会落进位于另一个焦点的球洞里。椭圆的这种反射特性被利用在一种叫作“回声长廊”的建筑中。在一间椭圆形房间里，从一个焦点

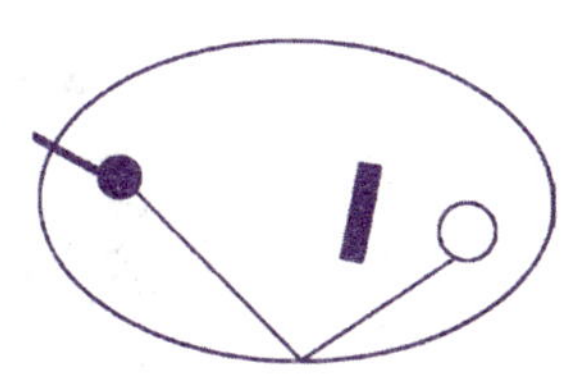

处发出的声波可以被反射到另一个焦点上，所以在以后一个焦点为圆心的圆形范围内都可以听到从前一个焦点处发出的声音。

8. 如图所示：

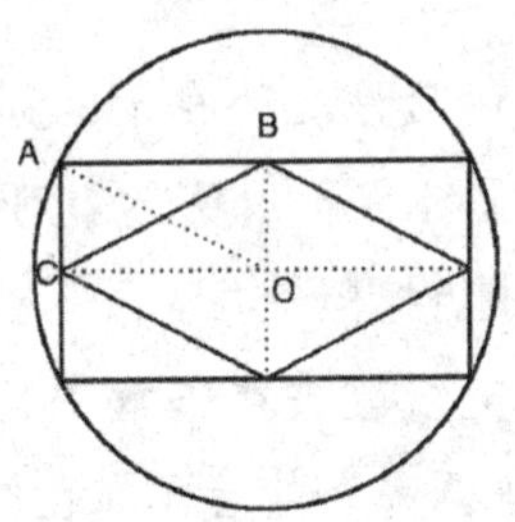

菱形花坛的边长与从菱形中心（即圆心）O至圆形场地边A的距离相等（长方形对角线相等），即等于圆形场地的半径，即50米。

9. 如果你数一数每个字母出现的次数，就会发现，字母“D”出现一次，“I”出现两次，“S”出现三次，“C”出现四次，“O”出现五次，“V”出现六次，“E”出现七次，“R”出现八次。按这个顺序排列字母，就能得到单词“discover”（发现）。

10. 如下图所示，由原来的6根火柴加上后来的5根拼成了英文单词nine（9）。提到9，我们很容易想到阿拉伯数字“9”或汉字“九”，英文虽然早已进入了我们的生活，但却未能形成习惯性思维，容易被忽略。根据火柴棍的特点，对“nine”的摆法经过仔细思考是可以想到的。

NINE

11. 如下图所示。把塑料管弯起来，使两端的管口对接起来，让4个白球滚过对接处，滚进另一端的管口，然后将塑料管两头分离，恢复原形，就可以将黑球取出来了。

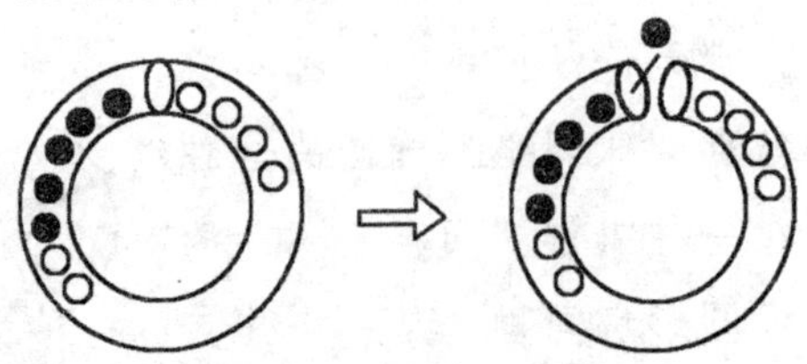

12. 巧妙地将棋盘孔这样排列（如下图），就能很快地算出棋盘上的圆圈（孔）数。简单地算一算，（4×5）×6+1=121个。

13. 能。首先打开第一个开关，让另外屋子里的一个灯亮一段时间，然后把它关掉。再打开第二个开关，马上跑到有灯的房间，并用手去摸没有亮的灯泡。你就会知道：关着但是灯泡发热的灯是由第一个开关控制的；亮着的灯是由第二个开关控制的；剩下的那盏灯由第三个开关控制。

14. 至少要分割两次，从第二个环与第三个环中间截断，从第三个环与第四个环之间截断，这样就形成了一个2个环在一起、1个环、4个环在一起的三段，于是第一天就可以拿1个环；第二天把1个环拿回来，拿2个环在一起的那一段；而第三天，再拿1个环；第四天，将3个环拿回来，拿4个环连在一起的那一段；第五天，再拿1个环；第六天，拿回1个环，拿2个环连在一起的那一段；第七天，全部拿走。

15. 使用1克和3克两个砝码，就可以测量出4克的重量，也可以测量出2克的重量。依据这个道理，所选择的砝码必须配合使用。

计算周全后，即可得出需要的四个砝码分别为：1克、3克、9克以及27克。

它们加起来正好是40克。可是其他重量的物体怎样称呢？就要像前面举的例子那样配合使用。比如称20克时，右秤盘放上1克和9克的砝码，左秤盘放上3克和27克的砝码就行了。照此方法，一直可

以称到40克。

16. 他是这样做的：他利用梯子把绳子的一头系在顶梁上，然后把梯子移到门外。回来时带进一块巨大的冰块，这冰块是事先放在冷藏库里的。他立在冰块上，用绳子把自己系好，然后等时间过去。第二天当侍者发现他的时候，冰块已完全融化了，管理员就此被吊在半空中。

17. 本题的难度在于题干中给出的第二部分条件，这也是问题得以解决的关键。解答方法如图所示：

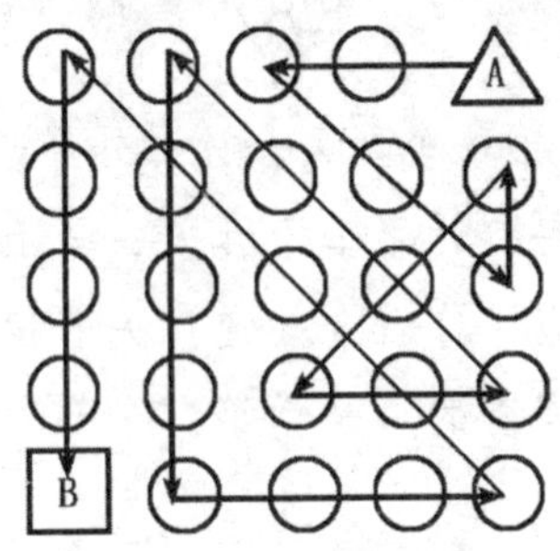

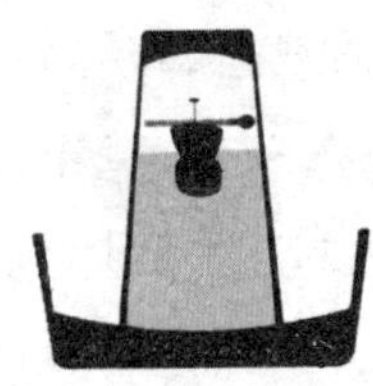

18. 用大头针穿过火柴，并把火柴固定在软木塞上，这样把火柴放到水里后，火柴才不会湿。然后把火柴点燃，并把烧杯倒扣在软木塞上。火柴燃烧时把烧杯内的氧气耗光，水就会进入烧杯。

19. 用升斗斜着量就可以做到。

20. 如图所示的方法，把横摆的名片对着竖摆的名片排成两排，等到两者刚好吻合的时候，再算算各自的张数。比如，由右图来

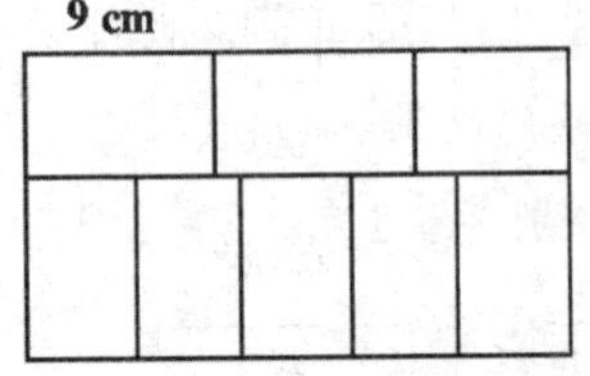

看，上列3张的长度刚好等于下列5张的宽度，因此9×3=27，27厘米刚好是5张竖的名片的总宽度，所以27÷5=5.4。也就是说，名片的宽度是5.4厘米。

21. 竖排答案：

一心一意、两面三刀、三令五申、四分五裂、五花八门、六街三市、七上八下、十寒一曝。

横排等式：

1+2−3+4+5−6+7=10

1+3−5+5+8−3−8=1

22. 第一次，将盐分为两个70克，取出其中一份。

第二次，利用两个砝码称出9克。

第三次，利用9克盐和2克砝码称出11克。

于是称量出20克，倒入另一份70克中，获得50克、90克。

23. 仆人可以做一个箱子，保证箱子内部的尺寸与最初的方木相同，然后将做好的木柱放入箱子内，再向箱子里加入沙土，直至把箱子完全填实，并且使箱内沙土与箱口齐平。之后木匠可以轻轻将木柱取出，保证不带出沙粒，再把箱内的沙土捣平，量出沙土的深度为1米，即木柱所占的空间为2立方尺。即证明仆人砍的没错。

24. 如下图所示：

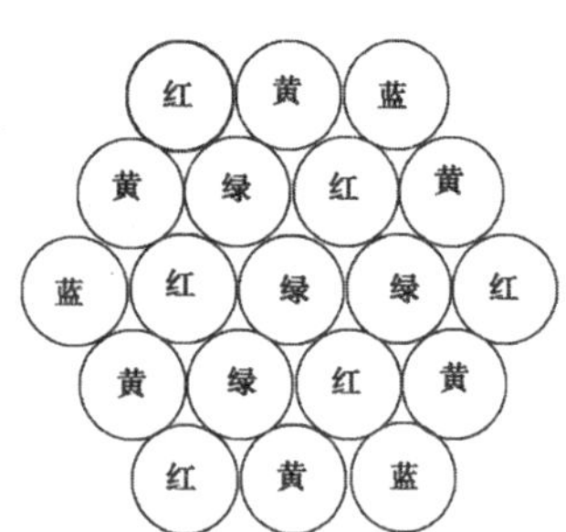

25. 如下图所示：

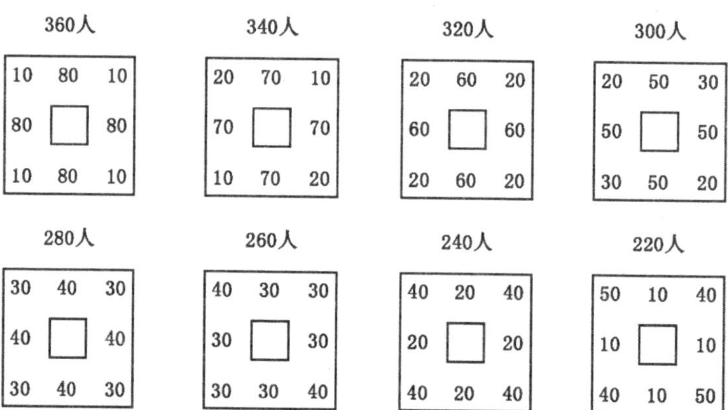

26. 烧一根这样的绳，从头烧到尾1个小时。由此可知，头尾同时烧共需半小时。同时烧两根这样的绳，一个烧一头，一个烧两头；当烧两头的绳燃尽时，共要半小时，烧一头的绳继续烧还需半小时；如果此时将烧一头的绳的另一头也点燃，那么只需15分钟。

同时燃两根这样的绳，一个烧一头，一个烧两头；等一根燃尽，将另一根掐灭备用。标记为绳2。再找一根这样的绳，标记为绳1。一头燃绳1需要1个小时，再两头燃绳2需要15分钟，用此法可计时1个小时15分钟。

27. A妈妈的花由5朵黄色、1朵白色、1朵红色、1朵粉色组成。

B妈妈的花由2朵黄色、3朵白色、2朵红色、1朵粉色组成。

C妈妈的花由1朵黄色、3朵白色、3朵红色、1朵粉色组成。

D妈妈的花由1朵黄色、2朵白色、1朵红色、4朵粉色组成。

E妈妈的花由1朵黄色、1朵白色、3朵红色、3朵粉色组成。

28. 请按下图移动。所用步数按硬币编号从①～⑥的次序相加为：1步＋2步＋1步＋1步＋2步＋1步＝8步。

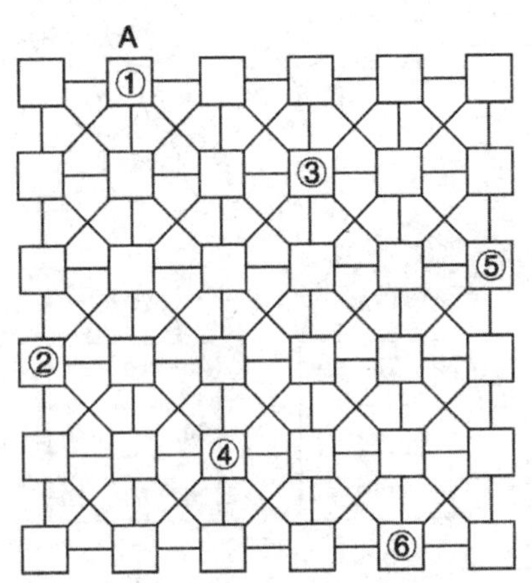

29. Edge与Bono同时过去，Edge独自回来，耗时4分钟；Adam与Larry同时过去，Bono独自回来，耗时11分钟；Edge和Bono同时过去，耗时2分钟。共耗时17分钟。

第六章　参考答案

1.安丁是受伤者。

根据A和B，卡姆是单身，而受伤者是有妻子的，所以卡姆没有受伤。根据D，戈丹平安无事地回来了，他还决定以后不再骑马了，所以戈丹没有受伤。根据B，马扬的妻子不是受伤者的妻子，所以不是马扬。根据B、C、E，马扬的妻子是受伤者的妻子的姐姐，而她没有外甥女，也没有侄女，说明受伤者没有女儿。而兰君有女儿，因此受伤者不是兰君。所以说，安丁是那位不幸的受伤者。

2.对题干进行整理：

条件：所有被隔离的人都与小张接触过；所有与非典患者接触过的人都被隔离了。

结论：所有与非典患者接触过的人都与小张接触过。

如图所示：可能有人没有接触过非典患者，但接触过小张。所以，正确选项是C。

选项A、B、D、E都太绝对。

3.第一个杯子上的话与第四个杯子上的话矛盾，必为一真一假。则按题干，第二个杯子与第三个杯子为假。即第二个杯子中没有苹果，第三个杯子中有巧克力。所以正确选项是D。

4.根据已知条件得知，D和E中必定有一位与A和C属于相同的年龄档，从而得知A和C都小于30岁。而校长要求舞蹈老师的年龄要大于30岁，故A和C被排除。另外，从条件中得知，C和D当中必定有一位与B和E的职业相同，因此，B和E一定是秘书，也不符合校长的要求。所以校长只能选择D女士做学校的舞蹈教师。

5. 由于只有一人说对了，就先找矛盾。王教官与李教官的话矛盾，两人的话肯定有一真一假。假设王教官说得对，则赵教官的话是假的，这与题干恰好相符。我们可以得出结论：选项中符合王教官的命题或者与李、赵二位教官相反的命题即为真命题。故正确选项是D。

6. 先按题干将四种蔬菜的营养含量进行初步排序：甘蓝＞菠菜；绿芥蓝＞莴苣。

再验证各选项的正误：

A. 因为甘蓝＝绿芥蓝，绿芥蓝＞莴苣，所以甘蓝＞莴苣。

B. 因为甘蓝＞菠菜，菠菜＝莴苣，所以甘蓝＞莴苣。

C. 因为甘蓝＞菠菜，绿芥蓝＞莴苣，菠菜＞绿芥蓝，所以甘蓝＞莴苣。

D. 因为甘蓝＞菠菜，绿芥蓝＞莴苣，仅绿芥蓝＞菠菜时无法得出甘蓝＞莴苣的结论。

正确选项是D。

7. D。选项A得出的结论不能在题干中得到论证。因为原题中只是告诉了我们“大多数综合性大学都在培养计算机编程专家”，而非“所有综合大学”，因此，可以得出，“部分编程专家不是由综合大学培养的”，所以A是错误的。以同样的思维方式可以得出选项B、C也是错误的。

8. 按题干条件：

（1）甲＋乙＝丙＋丁。

（2）甲＋丁＞乙＋丙（隐含：丁＞乙，甲＞丙）。

（3）乙＞甲＋丙。

按此排序：丁＞乙＞甲＞丙。

9. 从贴有“白黑”标签的盒子里任意取出一个球，就可以辨明每个盒子中所装的分别是什么球了。

10. 汤姆考上了重点大学，杰克逊考上了一般大学，约翰没考上大学。

先假定约翰的预言是正确的，那么可以得到约翰和汤姆都考上了重点大学，这与题中的陈述是相矛盾的；再假定汤姆的预言是正确的，则依次可以推知杰克逊没考上，汤姆和约翰都考上了一般大学，这与题中的陈述也是相矛盾的；最后我们假设杰克逊的预言是正确的，则依次可以推知汤姆考上了重点大学，约翰没考上，杰克逊考上了一般大学，这恰与题中的各个条件都相符。

11. 矿工3的话和矿工4的话相互矛盾，定有一真。

矿工1的话假：不是设备问题。

矿工2的话假：由于已确定了“不是设备问题”，所以，“有人违反了操作规范”为假：没有人违反操作规范。

验证矿工3和矿工4的话：

矿工3的话一定真。

矿工4的话假。

正确选项是D。

12. 由（1）和（3）可以得出16岁以上的学生能去看棒球赛。

由（2）和（3）可以得出，15岁以下的学生不能去看棒球赛。

第（5）句话需要先解释清楚，不能不看球赛和不穿毛衣，或既不看球赛也不穿毛衣。也就是说，必须要看球赛且穿毛衣。由此再结合第（4）句话得出，16岁以上的男生不能去看球赛。由此可以得出，看球赛的男生年龄在15岁～16岁，穿毛衣，戴大礼帽，而且没有带伴侣。

13. 由题意可知，小杨不是小燕的哥哥。小杨和小丽两个人相差11岁，年龄和是52，但52减去11不可能被2整除，而岁数也不会是小数，所以小杨也不是小丽的哥哥，他只能是小慧的哥哥。同理可以推断出小郭是小燕的哥哥、小王是小丽的哥哥。

14.不管甲属于什么族，他对旅行者的提问回答的是“是”，乙肯定了这一点，所以乙是诚实族的。这样乙的后半句话也一定是真的。所以，甲肯定是说谎族的。正确选项是D。

15.1个女孩穿花裙子，86个女孩穿红裙子。

首先，可运用推理得出穿花裙子的女孩少于2个。因为如果穿花裙子的女孩是2个或2个以上，那么就不可能满足“其中任意两个女孩中，至少有1个女孩是穿红裙子的”这个条件。所以，为满足前提条件，穿花裙子的女孩只能少于2人。

16.“男婴出生率”高，并不意味着男人一定比女人多，存活率、相对寿命等因素对人数也有影响。所以，小亮的反驳混淆了概念。因此，选项D为正确答案。没有证据断定A、B、C，小亮的反驳也没有任何矛盾，所以E也不成立。

17.A店是酒馆。首先，我们根据条件1和3可以画出下图。

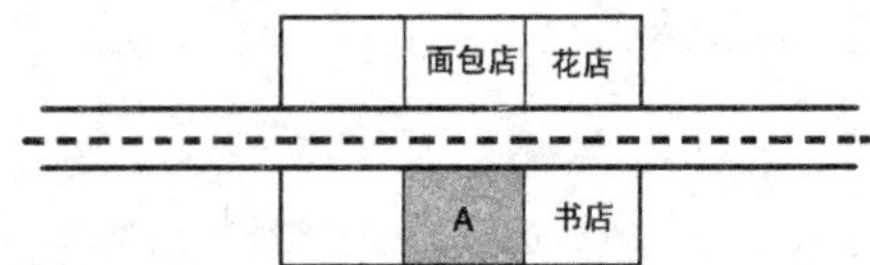

根据条件5和6，酒馆和文具店位于道路的同一侧，从上图可以看出，那只能是A店所在的那一侧。并且，E店也位于同一侧。由于E不可能在A的位置，只能是两侧的某家店。而E店的邻居是酒馆，所以，A店是酒馆。并且，还可确定：E店是书店，D店是花店，A店的左邻是文具店。

18.法官是分两次来判决的。

第一次他宣布：此案的判断是依据当初签的合同，根据合同，爱瓦梯尔不应付学费，因为在此之前，爱瓦梯尔还没有胜诉过。

接着，法官又宣布第二次判决：判决爱瓦梯尔把第二次学费交给老师普罗太哥拉丝，因为爱瓦梯尔在此法庭的第一次判决中已获胜，而第一次获胜就要交纳第二次学费，这是两人签的合同上写明的。法庭当然要保护合同的法律性，因此做出公正的判决。

19.题中的叙述犯了逻辑错误，每人出的9元应包括服务员的2元。

20.四人滞留时间之和是20天。

根据（1）（2），滞留最长时间的是D，且入住时已有人住，离开时不是8日，只有7（离开时间）-2（入住时间）=5（滞留时间）数值最大，故D滞留了6天，是2日入住7日离开的。

假设B和C分别滞留了4天以下，因为D是6天以下，A若是6天以上，就不是最短的，所以B和C都是5天。

根据（3）可知，C是从1日住到5日。

如果B是从3日入住的话，7日离开，那就与D重合了，所以B是从4日到8日。剩下的A就是从3日到6日（滞留4天）。

21.从表面看来国王和三位医生四个人才有2双手套不够用，其实我们忽略了2双手套有4面，一个人接触一面就可以了。

2双手术手套的4个面记为A1/A2/B1/B2

第一个医生同时戴上2双手套：A1/A2/B1/B2：A1医生/B2国王

第二个医生戴上1双手套B1/B2：B1医生/B2国王

第三个医生戴上2双手套A2/A1/B1/B2：A2医生/B2国王

22.M城居民的总数最多不可能超过518人。把M城的所有居民依据他们头发的数量由少至多按顺序编号。在这个编号中，以下两个条件必须满足：第一，1号居民是秃子。第二，n号居民的头发数量是n—1根。例如，2号居民的头发是1根，100号居民的头发是99根。否则，居民的总数不可能比任何一个居民头上头发的总数要多。

如果居民的人数超过518人，则编号大于518的居民的头发的数量就会与他们的编号相等，不符合上面的第二个条件。因此，M城居民的总数不可能超过518人。

23.七个人说的话，可以分别用另一种方式来表示：

A：今天是星期一。

B：今天是星期三。

C：今天是星期二。

D：今天是星期四，或星期五，或星期六，或星期日。

E：今天是星期五。

F：今天是星期三。

G：今天是星期一，或星期二，或星期三，或星期四，或星期五，或星期六。

只被提到一次的日子是星期日。如果这一天是别的日子，那么讲对的就不止一个人了。因此，今天一定是星期日。D所说的是正确的。

24. 方块6。

P先生："我不知道这张牌。"说明这张牌的点数是至少有两种花色的。

Q先生："我知道你不知道这张牌。"说明Q先生知道的花色每一张的点数在所有牌中也都不是唯一的，以上说明这张牌只能是红桃和方块。

P先生："现在我知道这张牌了。"说明点数不能为A，因为A在以上两种颜色都有。

Q先生："我也知道了。"说明那张牌只能是方块，因为红桃还有Q和4，不是唯一的，Q先生是猜不出来的，所以只能是方块6。

25. 由已知三个数相乘的结果是72，因此将72可能分解成三个数字乘积的式子列出：

（1）72可以分解成三个数字的乘积

72×1×1

36×2×1

18×4×1

9×8×1

12×6×1

9×4×2

18×2×2

6×4×3

6×6×2

8×3×3

（2）三个数字的和（可能的门牌号码）

72+1+1=74

36+2+1=39

18+4+1=23

9+8+1=18

12+6+1=19

9+4+2=15

18+2+2=22

6+4+3=13

6+6+2=14

8+3+3=14

下边一列中，我们发现14出现了两次，而调查员在知道门牌号码的情况下，仍然推算不出三个女儿的年龄，可见门牌定是14（其组合不唯一），又因为妇女说自己有最大的女儿，那么只能是8、3、3组合了（否则6、6、2组合就不会有“最大”的女儿了）。

26. 小李存活概率最大。

（1）小李有三个选择，空枪，射击小黄，射击小林。

小李不会选择射击小黄，因有30%概率小黄死亡，如果小黄死去，小林射击，小李必死，那么小李的死亡概率为30%；小李不会选择射击小林，因有30%概率小林死亡，如果小林死去，小黄射击，小李可能死，小李的死亡概率为30%×50%=15%；

小李会选择空枪，因为小黄必然射击小林，小林死亡概率50%。

小林若不死，必然射击小黄，小黄死亡概率50%×100%=50%。

小李死亡概率为0。

（2）此时，小黄和小林中间必然死亡一人。小李可能面对小黄，可能面对小林。

面对小黄，生存概率为：30%＋70%×50%＝65%

面对小林，生存概率为：30%＋70%×0＝30%

汇总生存概率为：

小李65%×50%＋30%×50%＝47.5%

小黄50%×70%＝35%

小林50%×70%＝35%

因此小李生存概率最大。采取方法如上所述。

第七章　参考答案

1. 王子可以在金币盆里留1枚金币，把另外9枚金币倒入另一个盆里，这样一个盆里就只有1枚金币，另一个盆里就有10枚银币和9枚金币。如果他选中那个放1枚金币的盆，选中金币的概率是100％；如果选中放19枚钱币的盆，摸到金币的概率最大是9/19。王子选中两个盆的概率都是1/2，所以，把前面的两项结果加起来，得出选中金币总的概率就是：100%×1/2+9/19×1/2＝14/19，这样远远大于原来未调换前的1/2。

2. 不可能。死囚会被处死。因为执行绞刑的日期可以放在规定日期内的任何一天。如果死囚提出："今天不能执行绞刑，因为我已经知道了今天要被处以绞刑，按照法官的命令，今天就不能执行绞刑了。"行刑者可以这样回答："要是这样的话，说明你还没有想到今天要执行绞刑，按照规定，你没有想到今天会被处死，所以今天能够对你执行绞刑。"

3. 从甲地开往乙地的客轮，除了在海上会遇到13艘客轮，还会遇到2艘客轮：一艘是在开航时候遇到的从乙地开过来的客轮，另一艘是到达乙地时遇到的正从乙地出发的客轮，所以，加起来一共是15艘客轮。

4. 若先掷的人首先亮出字儿，胜负就此定局。即先下手的人，掷一次就有$\frac{1}{2}$赢的概率。如果先掷的人没有亮出字儿来（这种概率也是$\frac{1}{2}$），就该轮到第二个人动手了。这时他和先掷的人一样，也是掷一次有$\frac{1}{2}$赢的概率。从总的情况来分析，后一个人掷赢的概率是$\frac{1}{2}\times\frac{1}{2}=\frac{1}{4}$。所以说先掷者双倍有利。

显然这种决斗对于后掷者来说，是不太公平的。

5. 假设A为1把叉子和1把匙加在一起的价钱，B为1把小刀的价钱，C为甲所花的总钱数。则可得到下列等式21A＝C＝28B，即21A＝

28B，所以A＝$\frac{4}{3}$B，也就是说，叉子和匙的单价是小刀单价的$\frac{4}{3}$。如果甲买X套餐具，则有X×（A＋B）＝C，A用$\frac{4}{3}$B代替，C用28B代替，就可得到X×（$\frac{4}{3}$B＋B）＝28B，两边都除以B，得到$\frac{7}{3}$X＝28，所以X＝12。也就是说甲身上的钱能正好买12套餐具。

6. 我们可以通过列方程式来得到答案。设参加宴会的人数为N，每个人都要与除了自己的人握手。又因为甲乙相互握手的次数是两次，所以总共握手的次数是N（N—1）/2。这样就有了一元二次方程式：N（N—1）/2＝45，解出答案为10。所以，参加宴会的人数为10人。

7. 既不会带来光明，也不会引起爆炸，因为这个星球上只有氢气，而没有氧气。

8. 丁拿出的80元是他吃的三明治的价钱。每个人吃多少三明治呢？（7＋5＋4）÷4＝4（个）。每个三明治80÷4＝20（元），甲带了7个三明治拿出了3个三明治，应分20×3＝60（元），乙带来了5个三明治，拿出了1个，应分20×1＝20（元），丙带了4个三明治没有拿出，不应分到钱。

这道题容易出现思考上的漏洞，以为丁把全部三明治买下了。本题叙述的方法也有些问题，即把甲、乙、丙所带的三明治放在一起，使人产生错觉。因此，在思考这一问题时，就要注意四人的共同条件，各吃4个三明治这一共同点，并以此为基础，计算每个人所得的是正、是负，还是零，以求出正确答案。

9. 答案为A。这就是姆潘巴现象。冷却的快慢不是由液体的平均温度决定的，而是由液体上表面与底部的温度差决定的，热牛奶急剧冷却时，这种温度差较大，而且在整个冻结前的降温过程中，热牛奶的温度差一直大于冷牛奶的温度差。上表面的温度愈高，从上表面散发的热量就愈多，因而降温就愈快。

10. 这段对话发生在上午9：36，因为从午夜到这时的四分之一是2小时24分，加上从这时到午夜时间的一半（7小时12分），就得到9：36。

麦尔向麦克西问早安，从这件事可以看出他们的对话发生在上午。如果不考虑这一点，也可以设想时间是在下午，那么，下午9：36同样是一个正确的答案。

该题可以通过一元方程来求得答案。

设现在的时间为x小时，则根据题中已知条件可以列出如下方程：$\frac{X}{4}+\frac{24-X}{2}=X$。

其解为$X=9\frac{3}{5}$。换算为时刻则为9：36。

11. 59分钟。读完这道题，很多人想到的答案是60÷2＝30分钟。因为最初分裂的细菌由1个增加到2个，数量增加了2倍，所以时间也应该缩短一半。这样想好像并不错。

其实，正确的思路应该是：由1个细菌开始分裂，分成2个需要1分钟，若由2个一起开始分裂，则就可以省去最初那一次分裂，即少用1分钟，因此是：60－1＝59（分），换一个思考的角度，就得到一个全新的结果。如果被束缚在2＝1＋1的固定观念上，认定应把1小时减少一半，就会得到一个错误的结果，在这种情况下，若能考虑到1分为2是1次，需1分钟，2分为4多一次，又多1分钟，那就简单了。假如题目从4个开始，你一定会轻松地回答是60－2＝58（分）了。

12. 狮子将取胜。

单纯从速度和时间的关系去推断，胜负难分，狮子是2米一步，跑3步；猎豹是3米一步，跑2步；在同样时间内跑的距离当然是相同的。也就是说猎豹和狮子跑的速度是一样的，可是这次比赛的200米跑，不是单程直线跑200米，而是往返跑，根据这个特点去分析，当狮子跑到100米的返回点时，正好是50步，狮子可以转身向回跑，不用浪费一点时间，而猎豹33步时则跑到99米，再跑一步，就要超过返回点，到了102米。因此它的返回点是在102米处，这样往返就多出了多跑2米的时间。因此，胜利是属于狮子的。

13. 在1：10的时候，离家的距离是：

甲——80m×10分＝800m。

乙——100m×5分＝500m。

也就是说，两人之间的距离（间隔）为300m。

从那个时候到两人碰面为止：

300÷（100＋80）＝$1\frac{2}{3}$分＝1分40秒。

甲把返回的距离又走了一次，因此往返浪费的时间＝迟到的时间：

1分40秒×2＝3分20秒。

14. 水位下降了。因为铁的比重远大于水，当铁块在小盆里时，所排走的水的重量等于铁块的重量，大约为铁块体积的78倍。而铁块在水里所能排走的水量仅等于铁块的体积。

15. 甲的策略其实很简单：他总是报到3的倍数为止。如果乙先报，根据游戏规定，他或报1，或报1、2。若乙报1，则甲就报2、3；若乙报1、2，甲就报3。接下来，乙从4开始报，而甲视乙的情况，总是报到6为止。以此类推，甲总是使自己报到3的倍数为止。由于30是3的倍数，因此甲总能报到30。

第八章　参考答案

1. 走第三条路。

这个题的前提是相信第三个路口的话是真实的。

如果第一条路写的是真话，那么，它就是迷宫的出口，这样，第二条路上的话也是正确的，这和只有一句话是真话矛盾。

如果说，第一条路上的话是假的，第二条路上的话是真的，它们都不是通往迷宫出口的路，所以真正的路就是第三条。

2. 假设当时是下午，可下午姐姐是说假话的，那么姐姐（虽然还不清楚哪一个是）理应说出："我不是姐姐。"但没有得到这样的回答，因此，显然是上午。只要把上午的时间定下来，那么说真话的就是姐姐，由此可知，胖小姐是姐姐。

3. 假设老鼠A说的是真话，那么其他三只老鼠说的都是假话，这符合题中仅一只老鼠说实话的前提；假设老鼠B说的是真话，那么老鼠A说的就是假话，因为它们都偷食物了；假设老鼠C或D说的是实话，这两种假设只能推出老鼠A说假话，与前提不符。所以A选项正确，所有的老鼠都偷了奶酪。

4. 是老三偷吃了水果和小食品，只有老四说了实话。用假设法分别假设老大、老二、老三、老四都说了实话，看是否与题意矛盾，就可以得出答案。

5. 若小张是B队的，则找到的人是A队的，那人会说在讲台西边，而小张会说在东边；若小张是A队的，找到的是A队的，会说在西边；若小张是A队的，找到的是B队的，他会说在西边，结果还是说西边，所以只要说西边，小张一定是讲真话那一队的。

6. 假设甲说的第一句话正确，那么B是陕西，戊的第一句话就是错误的，戊的第二句话就是正确的，但C是陕西不符合条件。甲说的第二句话正确。那么E就是甘肃。戊的第二句话就是正确的，C

是陕西。同理便可推出A是山东，B是湖北，C是陕西，D是吉林，E是甘肃。

7. 丙说谎，甲和丙都拿了一部分。假设甲说谎的话，那么乙也说谎，与题意不符；假设乙说谎，那么甲也说谎，与题意不符。那么，说谎的肯定是丙了，只有甲和丙都拿零钱了才符合题意。

8. 1号屋的女子说的是真话，夜明珠在3号屋子内。假设夜明珠在1号屋内，那么2号屋和3号屋的女子说的都是真话，因此不在1号屋内；假设夜明珠在2号屋内，那么1号屋和3号屋的女子说的都是真话，因此不在2号屋内；假设夜明珠在3号屋内，那么只有1号屋的女子说的是真话，因此，夜明珠在3号屋里内。

9. 选C。假设同学甲“第三题是A”的说法正确，那么第二题的答案就不是C。同时，第二题的答案也不是A，第五题的答案是C，再根据同学丙的答案知道第一题答案是D，然后根据同学乙的答案知道第二题的答案是E，最后根据同学丁的答案知道第四题的答案是B。所以以上四个选项第三个选项正确。

10. 先假设韩克正确，冠军不是美国就是德国；如果正确的话，不能否定张乐的看法，所以韩克的评论是错误的，因此冠军不是美国或者德国；如果冠军是巴西的话，韩克的评论就是错误的，张乐的评论也就是错误的，所以李锋的评论就是正确的。假设法国或西班牙是冠军，那么韩克就说对了，同时张乐也说对了，而这与“只有一个人的看法是对的”相矛盾。所以西班牙或法国不可能是冠军，巴西获得了冠军。

11. 我们不妨逆向思考，如果只剩6个乒乓球，让对方先拿球，你一定能拿到第6个乒乓球。理由是：如果他拿1个，你拿5个；如果他拿2个，你拿4个；如果他拿3个，你拿3个；如果他拿4个，你拿2个；如果他拿5个，你拿1个。

我们再把100个乒乓球从后向前按组分开，6个乒乓球一组。100不能被6整除，这样就分成17组，第一组4个，后16组每组6个。

这样先把第一组4个拿完，后16组每组都让对方先拿球，自己拿完剩下的。这样你就能拿到第十六组的最后一个，即第一百个乒乓球。

12. 打开第二个箱子。第一个箱子上的话是假的，如果它是真的，那么，第二个箱子的话也是真的，这是矛盾的。

这个问题可以用假设解题技巧。具体过程如下：第一个箱子上的假话有三种可能：第一个箱子上的话前半部分是假的；后半部分是假的；都是假的。如果前半部分是假的，珠宝在第一个箱子里，并且，第二个箱子上的话是假的，这时，根据第二个箱子的判断，珠宝在第二个箱子里，这和上面的判断冲突；如果后半部分是假的，那么珠宝在另外一个箱子里，并且第二个箱子上的话是真的，可以判断珠宝在第一个箱子里，这也是矛盾的；所以，第一个箱子上的话都是假的，这时，珠宝在第二个箱子里，并且第二个箱子上的话是假的，这时根据第二个箱子的判断，珠宝在第二个箱子里。

13. 看似必死，其实不然。预言家如果预言：你不会处死我，国王肯定将他绞死，因为他预言错了。他如果预言：你会处死我，国王肯定让他服毒死，因为他预言对了。他想到这层后，便知道自己必死，他只能预言服毒死或绞死。如果预言服毒死，就预言对了，就会服毒而死。如果预言绞死，情况一，国王绞死他与预言正确，让他服毒死矛盾；情况二，国王让他服毒死与预言错误，让他绞死矛盾；于是国王无论如何也无法将他处死。

因此，预言家预言：你将绞死我。

14. B。因为游戏规则是“夫妇两个不能一组”，同样的，“没有一个女人同自己的丈夫一组”。对照以上原则，已知Jack跟Lily一组，所以Jack和Lily不能是夫妻，D选项不符合题意；再假设A正确，Jack跟Lily一组，那么剩下的两组只能是Tom和Sara，Henrry和Linda，对照题目已知“Tom的队友是Henrry的妻子”发现，Tom的队友Sara是Jack的妻子，于是假设不成立，A不符合题意；同样的道理，假设B正确，已知Jack跟Lily一组，剩下的两组就是Tom和Linda，Henrry和Sara，再对照已知“Tom的队友是Henrry的妻子”和“Linda的丈夫和Sara一组”发现完全吻合，因此假设成立。所以B符合题意；假设C成立，那么已知Jack跟Lily一组，剩下的两组就是Tom和Sara，Henrry和Linda，再对照已知条件“Tom的队友是Henrry的妻子”发现，Sara不是Henrry的妻子，因此，假设不成立，选项C不合题意。

第九章　参考答案

1. 需要注意的是题目中所给的数字是无用的，因为第一句话说："你是司令"，所以司令的年龄，就是读者你的年龄。

2. 选C。由条件（1）可得，其余的四种颜色，黄绿蓝白为是组互为对色的颜色，又由（2）、（3）可得，白色与黄色为对面，蓝色与绿色为对面。所以选C。

3. 如果真的是她老公杀的话，死者就不可能说："他不知道我在录音，我要关录音机了。"如果被杀者录音并不为杀人者所知，录音不会有咔嚓声，有咔嚓声杀人者就可能知道录音机所在何处，离开时就会把录音机销毁，就不会存在这个录音了。

4. 从杰克的猜测中，我们可知只有"汤姆斯买的肯定不是皇冠车"这种猜测是正确的，那么他买的就只能是本田或奔驰。吉米应该买的不是奔驰，只能是皇冠或本田，那么吉米买的是皇冠车，瑞恩买的是奔驰车，汤姆斯买的是本田车。

5. 周围的六个人只能看到五个人头上头巾的颜色，由于中间那个小朋友的阻挡，每个小朋友都无法看到与自己正对面的头巾颜色，他们无法判断自己头巾的颜色，证明他们所看到头巾的颜色是三红二黑。剩下一黑红是他们和自己正对着的人的头巾颜色，这就说明处于正对面的两个人都包着颜色相反的头巾，那么中间的人就只能包红色。

6. C工厂参加鉴定。

如果B工厂不参加鉴定，那么A工厂也不参加；如果B工厂参加鉴定，那么A工厂和C工厂也要参加；现在，A工厂参加鉴定。所以，B工厂参加鉴定。

如果B工厂参加鉴定，那么A工厂和C工厂也要参加。所以C工厂参加鉴定。

所以，A工厂参加时，C工厂也会参加。

7.Z应该是黑色。因为所有的黑色字母都能一笔写完，白色的字母就不能。

8.选C。

（2）正确，因为肯定有中老年人办了人寿保险，所以肯定没办财产保险。（3）正确，买四居室以上都办了财产保险，办人寿的没办财产保险，办财产保险的也肯定没办人寿保险，所以这些大户都没办人寿保险。（1）不能断定，大多数买人寿保险，也可以有人买了四居室以下也没买人寿保险的。

9.B。

10.凯恩指着照片说："在'时速高达40英里的风暴'中，小姑娘不可能划亮火柴的，因此表明，照片中的窗户是关闭的。而莫纳太太晚上从高处坠落下去的情景，在室内是不可能看到的。因为照片是在晚间在室内用闪光灯拍摄的，这样，室内就比窗外亮得多，这时照片上的窗户只能像镜子一样反映室内的景物，而不可能现出莫纳太太的身影。根据这个道理，可以判断，这张照片是伪造的！"

11.丁的电话号码是：83410。因为每人说对两个数字，三人一共说对六个数字，而电话号码只有五个数字，所以必然有一个数字两人同时说对。把三人说的电话号码排列起来，如下：

甲：89431

乙：43018

丙：17480

不难看出，甲和丙说的中间数字都是"4"，可想到这是两人都说对的。又因为每人说对的两个数字不相邻，所以甲和丙说对的另一个数字分别在电话号码的头或尾。那么乙说对的数字既不是中间数，也不是头、尾的数，只能是"3"和"1"这两个数字。如果丙说对了"1"和"4"，则甲说对的是"4"和"1"，而丁的电话是由不相同的五个数字组成，"1"重复，所以应该是甲说对了"8"

和“4”，丙说对了“4”和“0”。

12.首先分析，兄弟两个必定有一个人说真话，其次，如果两个人都说真话，那么今天就是星期日，但这是不可能的，因为如果是星期日，那么两个人都说真话，哥哥就说谎了。

假设哥哥说了真话，那么今天一定就是星期四，因为如果是星期四以前的任一天，他都得在今天再撒一次谎，如果今天星期三，那么昨天就是星期二，他昨天确实撒谎了，但今天也撒谎了，与假设不符，所以不可能是星期一、二、三。以此类推，今天也不会是星期五以后的日子，也不是星期日。

假设弟弟说了真话，弟弟是四五六说谎，那么先假设今天是星期一，昨天就是星期日，他说谎，与题设矛盾；今天星期二，昨天就是星期一，不合题意；用同样的方法可以去掉星期三的可能性。如果今天星期四，那么他今天就该撒谎了，他说昨天他撒谎，这是真话，符合题意。假设今天星期五，他原本应该撒谎但他却说真话，由“昨天我撒谎了”就知道不存在星期五、六、日的情况，综上所述，两个结论都是星期四，所以今天星期四。

13.在国王宣布过第一条命令后，过了一段时间，仍没人被释放。因此，可以证明3顶帽子中没有2顶红帽，也可以说三个人中可能有2黑1红，或者3黑。于是出现了两种情况：假设A戴的是红帽，于是他就看见了2顶黑的。B和C都可以看见1黑1红。但是既然红的在A头上，那么B和C都是黑的。那么B和C早就能确定自己戴的是黑帽。所以A不可能戴红帽。因此A推定自己头上戴的肯定是黑帽。因为只有出现3顶黑帽，才没有人敢确定红帽是否在自己头上。聪明的你想到了吗？

14.问第一次即问第一个学生时就知道，那么这三个数是：

(1) 2，1，1

问第二次即问第二个学生时就知道，那么这三个数是：

(1) 1，2，1

(2) 2, 3, 1

问第三次即问第三个学生时就知道，那么这三个数是：

(1) 1, 1, 2

(2) 1, 2, 3

(3) 2, 1, 3

(4) 2, 3, 5

问第四次即第二次问第一个学生时就知道，那么这三个数是：

(1) 3, 2, 1

(2) 3, 1, 2

(3) 4, 1, 3

(4) 4, 3, 1

(5) 5, 2, 3

(6) 8, 3, 5

问第五次即第二次问第二个学生时就知道，那么这三个数是：

(1) 1, 3, 2

(2) 1, 4, 3

(3) 2, 5, 3

(4) 2, 7, 5

(5) 3, 4, 1

(6) 3, 5, 2

(7) 4, 5, 1

(8) 4, 7, 3

(9) 5, 8, 3

(10) 8, 13, 5

问第六次即第二次问第三个学生时就知道，那么这三个数是：

(1) 1, 3, 4

(2) 1, 4, 5

(3) 2, 5, 7

(4) 2，7，9

(5) 3，1，4

(6) 3，2，5

(7) 3，4，7

(8) 3，5，8

(9) 4，1，5

(10) 4，3，7

(11) 4，5，9

(12) 4，7，11

(13) 5，2，7

(14) 5，8，13

(15) 8，3，11

(16) 8，13，21

题目是问到第六次时知道，代入144，得到的五组解是：

(1) 1，3，4；1×36=36，3×36=108，4×38=144

(4) 2，7，9；2×16=32，7×16=112，9×16=144

(5) 3，1，4；3×36=108，1×36=36，4×38=144

(8) 3，5，8；3×18=54，5×18=90，8×18=144

(11) 4，5，9；4×16=64，5×16=80，9×16=144

15. 因为21岁的女孩不是去了A岛（印玉）（3），所以，21岁的是张虹。所以可推断，19岁的是印玉。

姓名	年龄	岛卵
张虹	21岁	1个或2个
印玉	19岁	A1个或2个
东晴	18岁	
西雨	20岁	3个

假设张虹有2个的话，那么印玉就有3个（3），这与（4）相互

矛盾。所以，张虹是1个，印玉是2个。因此可知，C岛是发现了2个（5），去C岛的是东晴。

根据条件（6）可知，张虹去了D岛，剩下的西雨去了B岛。

所以，结果就是：

姓名	年龄	岛卵
张虹	21岁	D1个
印玉	19岁	A2个
东晴	18岁	C2个
西雨	20岁	B3个

第十章　参考答案

1. 不管这个斜坡有多陡，滚了2秒钟的球总是滚过了4倍于滚1秒钟的距离；而在3秒钟之后，球将滚9倍距离。规律变得非常明显了：如果球每秒钟滚过一个单位距离，那么n秒钟就滚过n^2个单位距离。

2. 出价5001美元最有利。

如出价5002美元，对方出价5001美元，就不得不付给对方5001美元，这样一来，买这张1万美元的彩票就花了10001美元，即多花了1元钱。也就是说，出价超过5001美元不利。反过来，出价少于5000美元也不利。如果出价4999美元，在对方出价高的情况下，就亏了1美元。

3. 这个数是23。

如图所示：

4. 当1号轮顺时针转动时，6号轮也沿顺时针方向转动。

1号轮与6号轮之间，不管是顺时针方向还是逆时针方向，都隔着两个轮，所以无论选择哪个方向，得出的结果都是一样的，关键在于你的判断力是否正确。

5. 用an表示第n层木块的个数，那么从图可以看出：

a1＝1，

a2＝1＋2＝3，

a3=（1+2）+3=6，

a4=（1+2+3）+4=10。

以此类推，得到

a100=1+2+3+…+100=$\frac{(100+1)\times 100}{2}$=5050。

6. 最好的情况是掉的袜子正好构成一双，留下四双袜子。如果把袜子编号为A1、A2、B1、B2、C1、C2、D1、D2、E1、E2，那么这种情况，掉的袜子应该有A1—A2、B1—B2、C1—C2、D1—D2、E1—E2这五种可能。

最坏的情况下，掉的袜子不是一双，只有三双袜子还能用。这种情况下，掉了的袜子可以是A1—B1、A1—B2、A2—B1、A2—B2、A1—C1、A1—C2、A2—C1、A2—C2、A1—D1、A1—D2、A2—D1、A2—D2、A1—E1、A1—E2、A2—E1、A2—E2、B1—C1、B1—C2、B2—C1、B2—C2、B1—D1、B1—D2、B2—D1、B2—D2、B1—E1、B1—E2、B2—E1、B2—E2、C1—D1、C1—D2、C2—D1、C2—D2、C1—E1、C1—E2、C2—E1、C2—E2、D1—E1、D1—E2、D2—E1、D2—E2，共有四十种可能。

可见，最坏情况的可能性是最好情况的整整8倍。

7. 把一些清水倒进原来的杯里，如果上层液体增厚，那么上层是水；如果下层的液体增厚，那么下层是水。

两种液体界限分明，说明两种液体不互溶，那么再倒进去其中任何一种液体，都可以鉴定出来。

8. 因为在第8页之前有7页，所以在第21页之后一定有7页。因此，这份杂志总共有28页。

9. 设图中的帐篷形状是正六棱锥，那么棱锥底面是正六边形，每个内角等于120度。

如果侧面是正三角形，那么侧面的每个底角都是60度。

这时在棱锥底面任一顶点处的三面角中，三个面角将是60度、60度、120度，不满足“任意两个面角之和大于第三个面角”。

所以，这样的三面角不存在。

10. 方法如下图所示：

这是把两个视错图拼在一起的图形。

图中带有阴影的部分必须位于同一平面，不可能在其间再插入两个上下排列的立方体。

但是，如果图中的立方体只是看起来像立方体，实际并不是立方体，最极端的情况就是这些所谓的立方体只是画有图形的平面纸板，那么，这个图形就是可以摆出来的。

11. 问号处的数字应是40。★=7，▲=8，■=14，●=11。

12. 最少有8位女士同时拥有以上四样物品。

82+65+68+93=308，共有100个人，这样每人至少有三件物品，有8个人同时拥有四样物品。

13. 同时到达地面。

因为重力加速度与水平速度无关。

14. 在3D交叉点见面时，他们所要走的路程最短。

画一条竖线，使其左右两边各有四个人，并找出中心；再画一条横线，使其上下两边各有四个人，并找出中心。这两条线相交于3D这个交叉点上，所以这八个人应在3D处见面。

第十一章　参考答案

1. 可以考虑把两个沙漏计时器相互翻转使用，这样来完成总共18分钟的测量。首先同时让10分钟和7分钟的沙漏计时器开始计时。

7分钟计时器的沙子漏完的同时，将它翻转过来。

10分钟计时器的沙子漏完的同时，也将它翻转过来。

7分钟计时器的沙子再次漏完的同时，不翻转7分钟计时器，而是把10分计时器翻转过来。

10分钟计时器的沙子再次漏完的时候，就是由开始到此时的18分钟。用算式表示即为：2×7+4=18，你看出4是怎么来的了吗？

（注：沙钟又称“沙漏”，是中国古代的一种计算时间的仪器。沙漏是根据流沙从一个容器漏到另一容器的数量来计算时间的。）

2. 观察一下这个图形，我们就会发现，半圆形向右平移1厘米，实际上向右侵占了长方形AA′C′C的面积，这与它平移后所形成的月牙形部分面积是相等的。因此，阴影部分的面积等于长方形的面积，即5平方厘米。

3. 不管怎么分，总是缺1个蟠桃。所以，如果能再多1个蟠桃，那么这个数目就能被10、9、8、7、6、5、4、3、2、1除尽了。由此可以知道，这个数应该是2520（以上数字的最小公倍数）。所以蟠桃数目至少为2519个。

4. 本题不需要相加求和，而只需把所有数的最后一位小数相加，即可得到结果是4，而尾数是4的只有D选项，这样既快捷又准确。

5. 蜜蜂没有停过，整整飞了3小时，所以飞了300千米。

6. 14641只蚂蚁。本题极具干扰性，各找来10个伙伴并不是直接乘以10。第一次：11只；第二次：11×11=121只；第三次：11×11×11=1331只；第四次：11×11×11×11=14641只。

7. 汽车两个小时一共行驶了110千米，另一个路标的数字是16061。

8.第二批一共有3个人。9个冒险者没见到第二批人的时候，剩下的水只够9个人喝4天了。与第二批人合在一起后，水只够喝3天的，因此可知道第二批人在3天中喝的水等于9个人1天喝的水，那么第二批人肯定是3个人。

9.因为大圆的周长等于直径×π，各小圆的周长之和等于各小圆的直径之和×π，而各小圆直径之和与大圆直径相等，所以大圆的周长与大圆内部这几个小圆的周长之和相等。

10.猩猩走1米吃1根，回1米吃1根，再走1米吃1根，也就是搬一次要走3趟。一次搬50根，那么就是50/3≈17米。猩猩走了17米，再回去搬剩下的50根得50－17＝33根再回来，然后加上17米处第一次搬的香蕉，再然后背着香蕉回家，结果应该是16根。

11.设旧号码是ABCD，那么新号码是DCBA。已知新号码是旧号码的4倍，所以A必须是个不大于2的偶数，即A等于2。4×D的个位数若要为2，D只能是3或8。只要满足：

（1）4×（1000×A＋100×B＋10×C＋D）＝1000×D＋100×C＋10×B＋A

（2）ABCD×4＝DCBA

由（2）推断，D不可能为3。

经计算可得：D是8，C是7，B是1，所以新号码是8712。

12.选择乙公司有利。肯定是哪一家公司的收入高就选择哪一家。为了保险起见，还是要实际计算一下年收入，以利于比较。

第一年：甲公司100万元。

乙公司50万元＋55万元＝105万元。

第二年：甲公司120万元。

乙公司60万元＋65万元＝125万元。

第三年：甲公司140万元。

乙公司70万元＋75万元＝145万元。

显然，选择乙公司有利，在乙公司每年多收入5万元。答案可能使一些擅长数学的人也感到出乎意料，因为他们的脑子里尽是一些抽象的数学公式。其实，这个问题并不需要那样麻烦，只要把第一年、第二年、第三年的具体收入列出来就行了。

13.（1）填数字7～14。

如图所示：

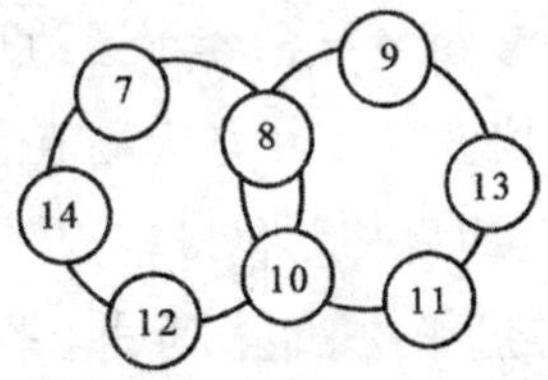

做题时不要盲目试算。此题的关键点在于两环交汇处的两个数。这两个数用了两次。先算出7～14的所有数字之和（7+14）×8÷2=84，又因为每圆环中小圆圈里的数字之和为51，所以，两圈之和为51×2=102，因为中间的两个数字用了两次，所以这两数之和为102−84=18，这样一来，在7～14的所存数中找出相加等于18的数8和10或7和11，问题就迎刃而解了。

（2）填数字13～20。解题过程同上。

如图所示：

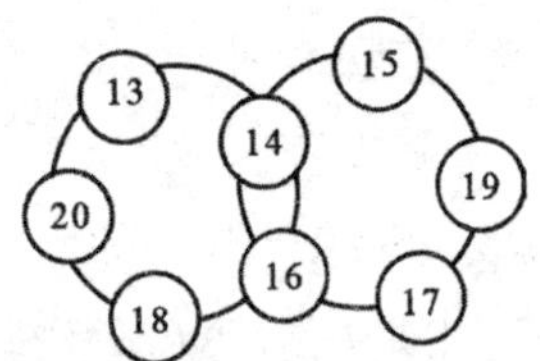

14.假设常客的人数为“X”，则可列出以下公式：

X=X/2+X/4+X/7+X/12+4

求解X，X=168，所以服务生所谓的常客是168人。

15.这群学生一共有12人。因为甲、乙两个学生“正好面对面”，这说明两人左右间隔的人数一样，都是五个人。

16.1=55÷55

2=5÷5+5÷5

3=（5+5+5）÷5

4=（5×5−5）÷5

5＝5×（5—5）+5

6＝55÷5—5

17.每次换一下位子，第一个人有五种坐法，第二个人有四种坐法，第三个人有三种坐法，第四个人有两种坐法，第五个人有一种坐法。5×4×3×2×1＝120。这家人每一周去这个饭店吃一次饭，那他们要去120次，得120周，那么，这家人840天才能吃到老板免费送的十餐。

18.9948。首先我们求5、9、13、17的最小公倍数9945（注：因为5、9、13、17为两两互质的整数，所以其最小公倍数为这些数的积），然后再加3，得9948。

19.我们根据它们的行驶速度可首先推断出各自所用时间：

乌龟跑了4.2÷3×60＝84分钟。

兔子跑了4.2÷20×60＝12.6分钟。

但兔子边跑边玩，因此兔子跑完全程所用的时间为1+15+2+15+3+15+4+15+2.6＝72.6分钟。

所以兔子先到终点，并且快于乌龟84—72.6＝11.4分钟。

20.你有没有上过当，以为某物的一半加1/2就不可能是一个整数？假如是这样的话，也许你会从掰开唱片的角度来考虑解决这个问题，那可就立即误入歧途了。本题窍门在于看出：数量为奇数的唱片，取其一半再加上半张唱片，一定是个整数。因为小熊在最后一次送礼后只剩下了一张唱片，所以在他把唱片送给小海之前，一定有三张唱片。3的一半为3/2，而3/2+1/2＝2，所以小熊最后一次送礼是两张唱片，末了自己留有一张完整的唱片。现在倒过来往前算就很简单了，他原来一定有七张唱片，给了小吴四张。

21.根据题中给出的条件，可以知道：

（1）主队个人得分是一组等差数列，说明三名得22分的队员中，只有一名在主队。

（2）客队个人得分上下只差3分，已知其中有两人各得22分，

可见得30分者不在客队。

（3）在主队个人得分的等差数列中，以30分为首项，22分只能是中项，由此可推知主队个人得分分别为30、26、22、18、14分。

（4）客队个人得分除两名得22分，少于20分者只能是19。

（5）根据条件（3）和条件（4），余下两名的得分数只能是21和20。

综合上述可知，比赛结果为：主队110分，客队104分。

22. 甲原来赶的羊一共有36只。我们先把甲原来赶的那群羊的只数设为1。那么，原来那群羊数量的（$1+1+\frac{1}{2}+\frac{1}{4}$）倍正好是99只，所以可列式计算：（$100-1$）÷（$1+1+\frac{1}{2}+\frac{1}{4}$）$=36$。

23. 本题给出的数量关系比较隐蔽，经过仔细分析，可以发现涉及的量为：原排队人数、旅客按一定速度增加的人数、每个检票口检票的速度等。

现在，可以给分析出的每个量设定一个代表符号：设检票开始时等候检票的旅客人数为x人，排队旅客每分钟增加y人，每个检票口每分钟检票z人，最少同时开n个检票口，就可在5分钟内让全部旅客检票进站。

根据已知条件列出方程式：

开放一个检票口，需半小时检完，则$x+30y=30z$；

开放两个检票口，需10分钟检完，则$x+10y=2\times 10z$；

开放n个检票口，最多需5分钟检完，则$x+5y=n\times 5z$；

可解得$x=15z$，$y=z/2$

将以上两式带入$x+5y=n\times 5z$得$n=3.5$，所以$n=4$。

因此，答案是至少需同时开放四个检票口。

24. 根据前五个条件可知，这条楼梯的阶数只要再加1，就是2、3、4、5、6五个数的公倍数。由于这五个数的最小公倍数是60，因此$60-1=59$是能满足前面五个条件的最小自然数。但是59不能被7整除。因此，只要在59上连续加60，直到能被7整除为止，这个数就

是所求楼梯的阶数。59+60=119，119能被7整除。即这条楼梯共有119阶。

25. 首先，在A国购买10元钱的东西，付一张A国的百元纸币，然后要求："请找给我B国的百元纸币。"本来应该找给他90元A国的纸币，刚好折合B国的100元。

他再拿着这张B国的百元纸币到B国去购买10元钱的东西，照样要求用A国的百元纸币找零。然后，他再回到A国……

26. 既然两个人的钱凑在一起可以买1台，那证明这款游戏机的价格是整数。有三个人的钱凑在一起可以买2台，除去这三个人，还有两个人的钱凑在一起能买1台，证明这五个人的钱一共能买3台。六个人的总钱数是132元。也就是说132减去一个人的钱数应该能被3整除。那么132只能减18或者21。（132−18）/3=38，而14、17、21、25、27中的17和21组合能组成38，满足题目的要求。同理，另外一种情况不满足题意，所以这款游戏机的价格是38元。

27. 第一步：160−120=40，红伞的1/3，黄伞的1/4，蓝伞的1/5共40把，160−116=44，红伞的1/5，黄伞的1/4，蓝伞的1/3共44把，44−40=4，所以蓝伞的1/3−1/5与红伞的1/3−1/5的差是4把，4÷（1/3−1/5）=30，则蓝伞与红伞的差是30把。

第二步：红伞的2/3，黄伞的3/4，蓝伞的4/5共120把，红伞的4/5，黄伞的3/4，蓝伞的2/3共116把，红伞的2/3+4/5，黄伞的3/4+3/4，蓝伞的2/3+4/5共120+116把，即红伞的22/15，黄伞的3/2，蓝伞的22/15共236把，红伞+黄伞+蓝伞=160，红伞3/2+黄伞3/2+白伞3/2=160×3/2=240，（240−236）÷（3/2−22/15）=120，蓝伞与红伞的和是120把。

第三步：（120+30）÷2=75蓝伞，（120-30）÷2=45红伞，160-120=40黄伞。

28. 第一步，先将10千克酒倒满7千克的桶，再将7千克桶里的酒倒满3千克的桶；第二步，再将3千克的桶里的酒全部倒入10千克的

桶，此时10千克桶里共有6千克酒，而7千克桶里还剩4千克酒；第三步，将7千克桶里的酒倒满3千克桶，再将3千克桶里的酒全部倒入10千克桶里，此时10千克桶里有9千克酒，7千克桶里只剩1千克酒；第四步，将7千克桶里剩的酒倒入3千克桶，再将10千克桶里的酒倒满7千克的桶；此时3千克桶里有1千克酒，10千克桶里还剩2千克酒，7千克桶是满的；第五步，将7千克桶里的酒倒满3千克桶，即倒入2千克，此时7千克桶里就剩下了5千克酒，再将3千克桶里的酒全部倒入10千克桶，这样就将酒平均分开了。

第十二章　参考答案

1. 一共有六种途径可以到达终点。在每个圆圈中写上所有能到达该圆圈路径的数目，如图。左边起点的圆圈都只有一条到达路径，所以数字都是1，其他各圈内的数字等于其左侧与它直接相连的圆圈内数字的和。终点圆圈内的数字为6，所以共有六种途径可以到达终点。

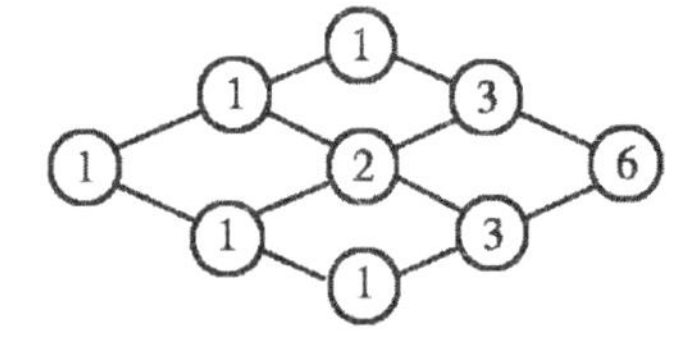

2. 蓝精灵从横排位置的两端各偷走1颗宝石，然后将下端的1颗宝石移到顶端。女巫按老习惯去数，三次的得数仍然是13。

3. 一个长方体锯成三个相同的小正方体，结果增加了四个面，所以其一个面的面积为20/4＝5平方厘米，三个小正方体共十八个面，减去增加的四个面，即为长方形的表面积，所以长方体的表面积为14×5＝70平方厘米。

4. 三角形的顶点正好在正方形的中心点上，而正方形也可以通过这个中心点划分为四个三角形，而它们重叠的部分恰好是正方形面积的1/4即4平方厘米。

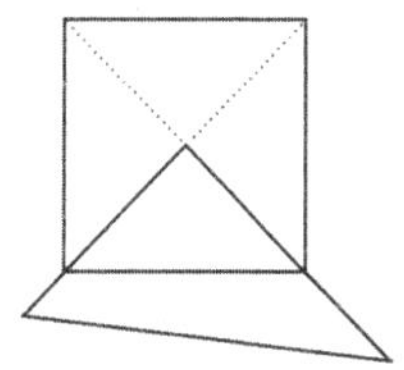

5. 假设硬币半径为1；因为不能放下一个新硬币，得知桌面任意一点，到离它最近硬币圆心的距离不大于2；将桌子做田字型分割成四个一样的小长方形，那么每个小长方形的边长都减半，因此，桌面到最近圆心的距离就小于1，可以被n个硬币覆盖。同理大桌子可以被4n个硬币覆盖。

6. 符合条件的小立方体分别有以下几块：

（1）三面是蓝颜色的小立方体有8块。

（2）两面是蓝颜色的小立方体有12块。

（3）一面是蓝颜色的小立方体有6块。

7.（1）不相等，黑色部分大。

（2）黑色白色两部分相等。

（3）黑色白色两部分相等。

（4）黑色白色两部分相等。

8.因为经理先把盒子如图堆放了。

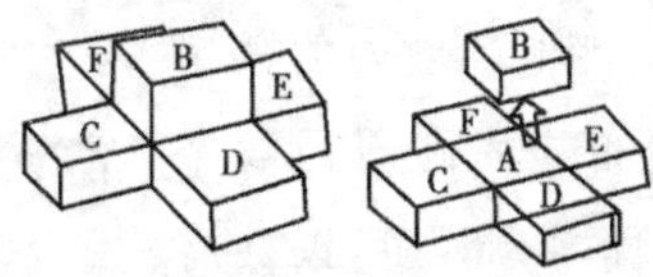

9.先把啤酒瓶底的直径测量出来，这样就可以计算出瓶底的面积。再在瓶中注入约一半的水，测出水的高度，做好记录；盖好瓶口后，把瓶子倒过来测量出瓶底到水面的高度，做好记录。将两个做好的记录相加再乘以瓶底的面积便可知啤酒瓶的容积了。

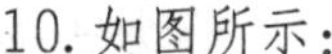
10.如图所示：

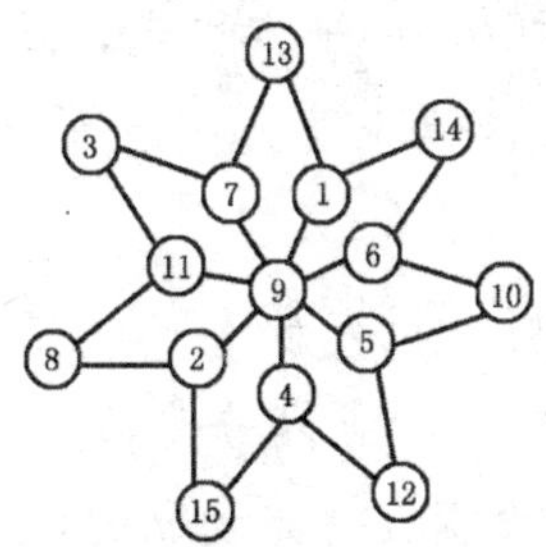

11.取3块正方形的中心点分别为b、c、d，再取ED与DC的中心a、e。然后，照abcde线切割（如图1）。将截下的部分与剩余的部分拼接在一起（如图2），就能得到我们要求的方框。根据同样的题目条件，还能找到另外的截线。

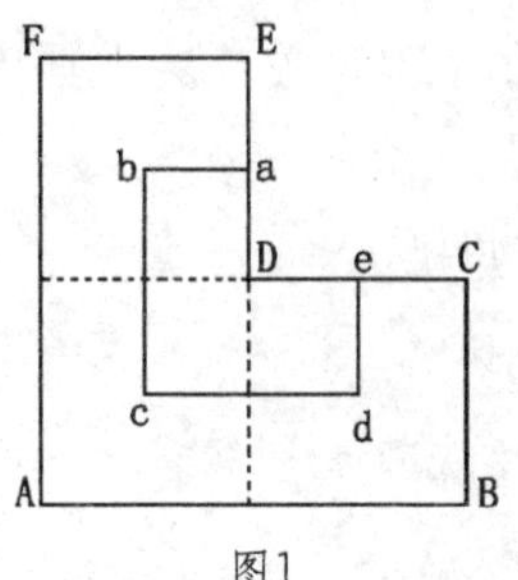

图1

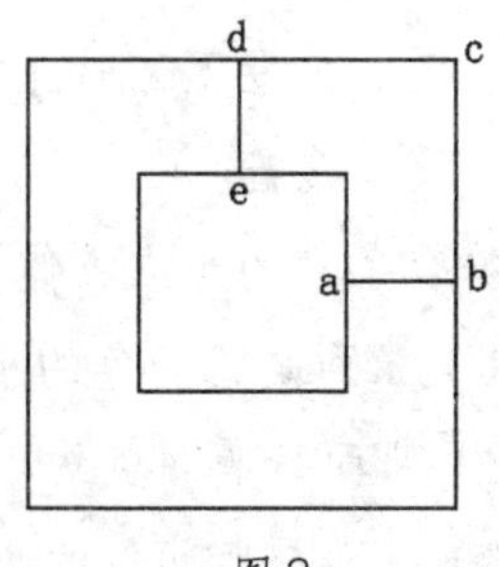

图2

12. 5小块图形中最大的两块对换了一下位置之后，被那条对角线切开的每个小正方形都变得高比宽大了一点点，而且这个大正方形也变得高比宽大了一点点。这意味着这个大正方形不再是严格的正方形。它的高增加了，从而使得面积增加，所增加的面积恰好等于那个方洞的面积。

13. 如右图所示，每边有5块纸块，中间再放上一块这就形成了一个白色的“口”字。

14. 母鸡能在格子里下十二只蛋。如下图所示：

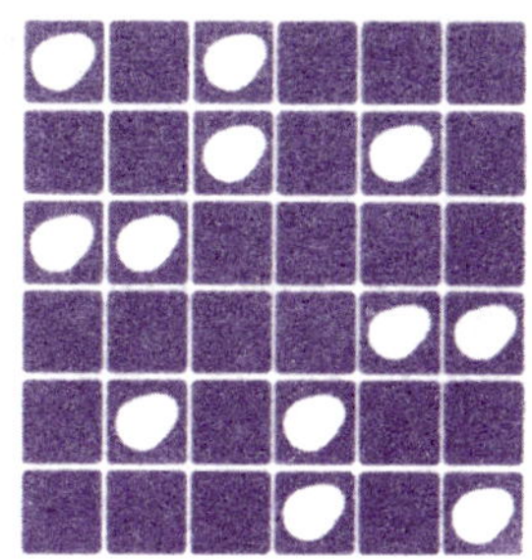

15. 5平方厘米。如图所示，大星形由12个正三角形构成。其内部正六边形的面积是总面积的1/2。小星形可以分解成6个菱形，其面积又是正六边形的一半。

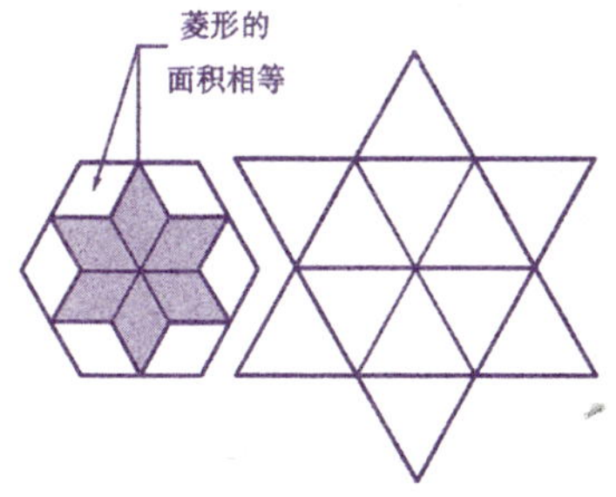

16. 蒂多和大家上岸后，向酋长买来一张野牛皮，用小刀把它割成细细的牛皮条，然后把这些牛皮条一个个都连接起来。接着，在平直的海岸上选好一个点作为圆心，以海岸线作为直径，在陆上用牛皮绳圈起了一个半圆来。酋长一看，大吃一惊，自己部落的一半领土都被蒂多圈起来了。他只得表示同意。

第十三章　参考答案

1. 首先必须把限定条件以外的方法排除掉，才有可能探索新的方法。你可能想把金币倒出来，那么不妨先把杯子倾斜一下看看，并把它作为思维过程中的一个闪光点保留在脑海里。

你见过旋风的力量吗？吹气也可以吹动金币，如果你把注意力转到吹气的问题上，就可以找到解决问题的方法。

正确的做法是：用嘴朝着杯口用力吹气，那么银币就会旋转起来，由于浮力和银币旋转的力量，金币就会浮上来，如果力量够大，金币就可以从杯口飞出来。

2. 先看1元钱最多能喝几瓶汽水。喝1瓶余1个空瓶，借商家1个空瓶，2个瓶换1瓶继续喝，喝完后把这1个空瓶还给商家。即1元钱最多能喝2瓶汽水。20元钱当然最多能喝40瓶汽水。

3. 灯光下测影子长度，直尺垂直立于地面，测量尺子和球各自的长度与影子的长度，计算比例尺。

4.

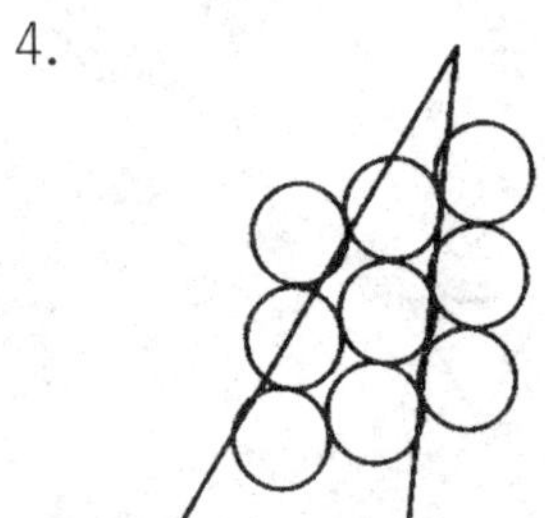

5. 关键在于桥墩与桥面之间的搭建。一开始可以多放两块积木做桥墩（如右图所示）。当搭了足够多的积木后，桥的构架也就完全稳定了，这时可以把多余的桥墩取走。

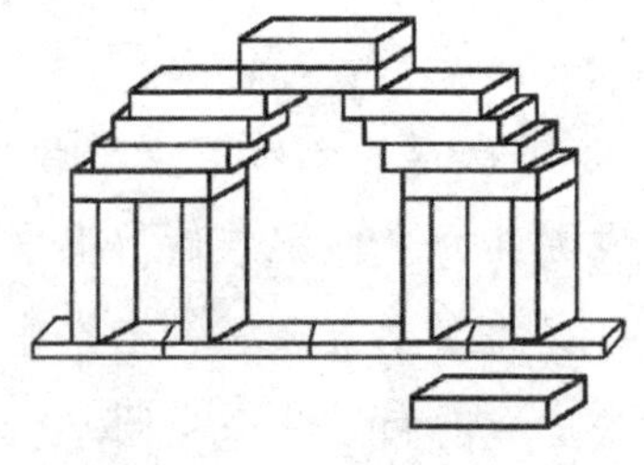

6. 先把胳膊交织起来，然后，用两手分别握住绳子的一端，在

此情况下，把交叉的胳膊放下，并用力拉绳，这样绳子就结成了一个扣儿。如果两个胳膊不交织就用手握住绳子的两端，就相当于有两条绳子（其中一条是人的双臂）形成一个闭环，但这样并不能结成预想的扣儿。所以，只能在这样连接前预先将双臂交织，也就是由交织的双臂结成扣儿。千万不要想借用身体的其他部分，那样是徒劳无功的。

7. 木匠的奇思妙想其实是不可能实现的。因为最终被锯成的27个小方块，只有最中央的那个小方块有六个截面。由于锯一次不可能给同一个小方块留下两个或两个以上的截面，因此，中央那个小方块一定要被锯6次。

8. 像下图那样组合，就会出现五个不同的正方形。

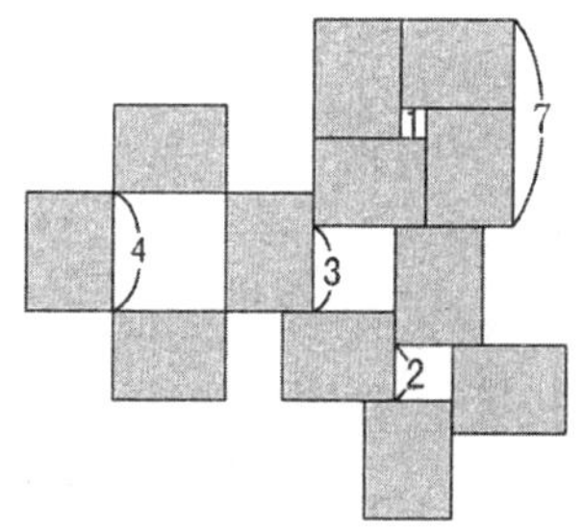

9.（如图所示）先一列一行的看，每一列和每一行必定有1～9九个数字。看最后一列，少三个数，是3、8、9。而倒数第三行，少四个数是2、3、6、7，这样倒数第三行和最后一列都少了3，所以交

4	2	1	7	5	8	6	3	9
3	8	6	9	4	2	5	7	1
9	7	5	6	3	1	4	8	2
6	9	7	3	1	4	2	5	8
2	5	4	8	6	9	3	1	7
8	1	3	2	7	5	9	6	4
1	4	8	5	9	6	7	2	3
5	3	9	1	2	7	8	4	6
7	6	2	4	8	3	1	9	5

点处应该填上3。正数第四行，少三个数，是2、5、8，这样第四行与最后一列的交点处应该填上8。这样第一行最后一个数就应该填9。然后再一行一行、一列一列的推导下去即可得解。

10. 如右图所示：在瓶子或圆柱杯子的曲面上卷一张纸，使一头翘起来，然后用圆规像画普通圆那样，在上面转一圈，就能画出一个卵圆状的图形。

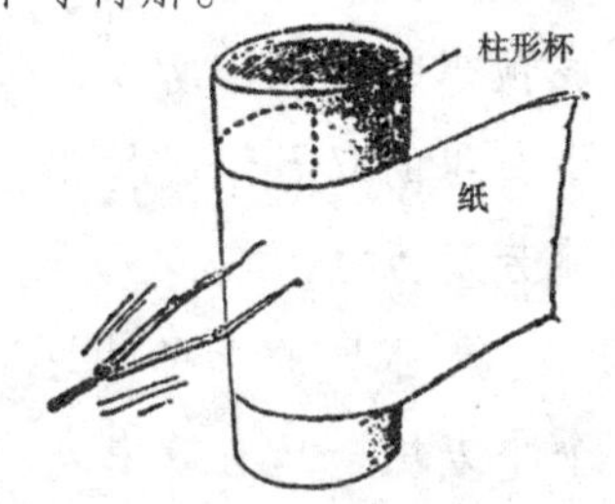

11. 起点—点头—头脑—脑袋—袋口—口信—信念—念书—书生—生活—活字—字体—体格—格言—言论—论文—文章—章节—节省—省亲—亲笔—笔展—展开—开始—始终—终点。如图所示：

识	常	平	面	起	来	朝
居	住	和	面	点	头	脑
言	格	体	字	数	口	袋
论	乐	气	活	生	信	心
文	章	品	物	书	念	境
句	节	省	国	者	作	界
展	笔	亲	名	景	风	丽
开	始	终	最	色	船	量
眼	目	点	要	纸	鱼	类

12. 他走的路线如图虚线所示：

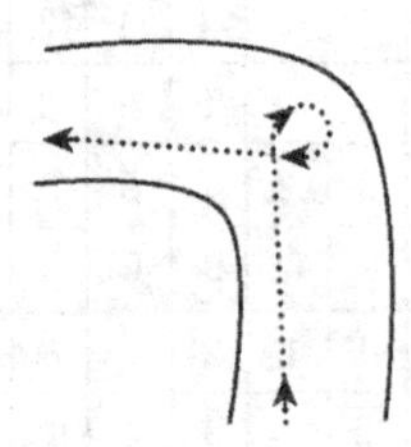

第十四章　参考答案

1. “硬币跳舞”的原因，是手上的热量把瓶里的空气焐热了，热空气膨胀，瓶内空气压强增大，一次次地顶开瓶口的硬币，放出一部分空气。甚至当把手离开瓶子后，硬币还会跳上几次。

2. 火车的速度是每小时30公里。其实不必考虑安娜来回的速度和走得多远，就看作她待在最后一节车厢里，10分钟内，火车行驶了5公里即得出结论。

3. 最少是七个人。

4. 篮子里的鸡蛋在60分钟时全满，1分钟之前，即59分钟的时候是半篮鸡蛋。

5. 将题干中给出的图向左旋转90度，就会惊奇地发现，台阶变成4个了。

6. 他将红、蓝两色的花朵混杂种在同一花圃里，若从远处的窗口眺望，便会看成是紫色的花朵。

7. 唱片是按一定速度旋转的。不管周长多少，一个片子每转一圈的录音时间是相同的。A与B相比较，不同的只是唱针以2倍的速度在盘面上滑动罢了。

8. 因为教科书里说非洲盛产钻石，于是他断定是有人用鸵鸟来运钻石，于是很快就锁定了作案的人群。

第十五章　参考答案

1. 这位同学画的人正蹲在地上玩，要是他直起腰来，就有1米高了。

2. 可以做到，不过，不能用正五边形瓷砖。只有使用一些设计巧妙的五边形瓷砖才可以达到要求。除了图中的两种形状，你还可自行设计一些五边形瓷砖。实际上，说到五边形瓷砖，我们很容易误入正五边形的圈套。如果一直停留在固有观念上，就很难找到正确的解题方法了。

3. 让本队的队员往自己篮筐投一个2分球，结果打成平局。根据篮球比赛规则，在规定比赛时间内，如果双方打成平局，则可以加赛5分钟。这样，甲队就有可能利用这5分钟，来赢取宝贵的6分。

4. 铁链的总重量虽然很大，但整个重量是分布在全部长度上的。所以，可以把铁链放在地上，由汽车拖着过桥，使分摊在桥上的重量不超过桥的载重。等过了桥，再把铁链装到车上。

5. 小儿子拔出一支箭，朝盘子射去，射翻了盘子，四个苹果全部掉在地上。

6. 有可能。因为这位律师是女性。也就是说这个离婚诉讼是妻子自己替自己辩护，向丈夫争取赡养费，所以这位女士不会有金钱方面的损失。

7. 如图所示，从最右边取一枚硬币放到L的转折硬币处，与之重叠，即可满足要求。

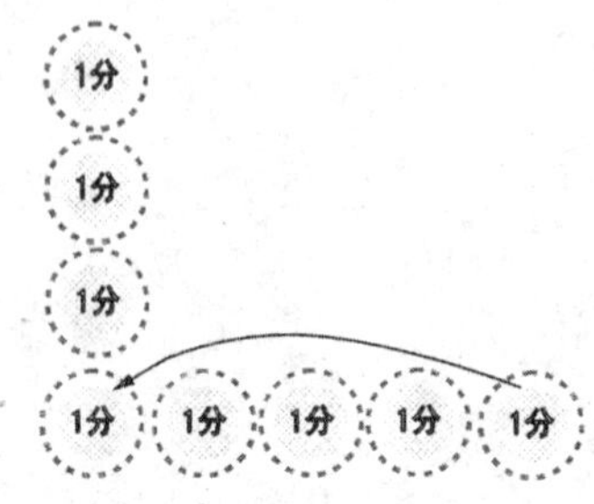

8. 如图所示，使圆齿轮的周长等于椭圆齿轮周长的一半，并将小圆齿轮的中轴偏心放置，就可以转动。

9. 因为这根绳子起初是结成圆圈形的。

10. 实际状况如下图所示。

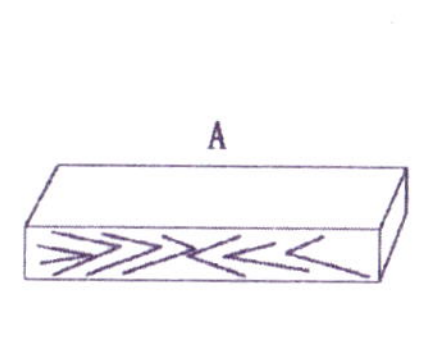

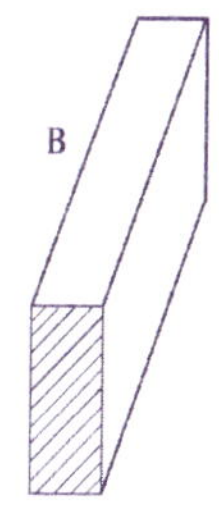

11. 4：1。把小三角形颠倒过来，就能立刻看出大三角形是小三角形的4倍。

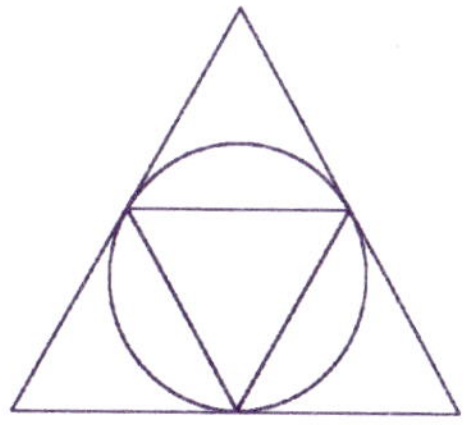

12. 赚了2万美元，把整个过程看成是两次买卖，即该家庭买了两套房子，第一套赚了13－12＝1万美元，第二套赚了15－14＝1万美元。这样问题就简单化了。

13. 常见的答案是这样的：如果3只猫用3分钟捉住了3只老鼠，那么它们必须用1分钟捉住1只老鼠。于是，如果捉1只老鼠要花去它们1分钟时间，那么同样的3只猫在100分钟内将会捉住100只老鼠。

遗憾的是，问题并不那么简单。这种答案中做了某个假定，它无疑是题目中所没有谈到的。这个假定认为这3只猫把注意力全部集中于同一只老鼠，直到它们在1分钟内把它捉住，然后再联合把注意力转向另一只老鼠。

但是，假设换个做法，每只猫各追捕1只老鼠，各花3分钟把它们捉住。按照这种设想，3只猫还是用3分钟捉住3只老鼠。于是，它们要花6分钟去捉住6只老鼠，花9分钟捉住9只老鼠，花99分钟捉住99只老鼠。

现在我们面临了一个稀奇古怪的困难：同样的3只猫要花多长时间去捉住第100只老鼠呢？

如果它们还是要足足花上3分钟去捉住这只老鼠，那么这3只猫得花102分钟捉住100只老鼠。要在100分钟内捉住100只老鼠——假设这是关于猫捉老鼠的效率指标，我们肯定需要多于3只而少于4只的猫。

当然，当3只猫合力围攻单独的1只老鼠时，它们可能用不了3分钟就把它逼得走投无路。可是在这个谜题中，对怎样准确地计算这种行动的时间没做任何交代。因此，这个问题的唯一正确答案是：这是一个意义不明确的问题，没有更多的关于猫是怎样捉老鼠的信息，无法回答这个问题。

第十六章　参考答案

1. 有人会抱怨，这道题中河水流动的速度不清楚，无法考虑它给帽子的影响，但你不要忘了，不管是对船或者是对帽子，水流所给予的影响，在方向上、速度上都是一样的。因此，河水的流动速度可忽略不计，和在静水中一样考虑。即认为帽子在落下地点不动。船在静止的水中往返跑了200米，因而所需时间为10分钟，返回时应该是12点10分。

2. 因为这只狗受的是德语教育，它听不懂夫人所说的英文。

3. 这里描述的不是一场现实的战争，而是一场象棋比赛。思维如果被禁锢，没有及时转换，是永远也得不到答案的。

4. 牛没有拴在树上，它走过来就吃到了饲料。

不用说，关键是牛是否被拴住。但是，如果你好好看看问题的说法，就可得到答案。问题中并没有说明绳子的另一头是拴在树上的。大脑里的经验经常暗示我们，拴牛是要两头拴的，因而你就钻进了这个圈套。

5. 选择了第一个头发七长八短的理发师。

6. 正常情况下，是不会发生这种情况的，如果货车十分重，最多原地不动，也不会反方向行驶，但特殊情况下是完全可能的，车沿着坡道滑下时，就会出现这种状态。

7. 最少要比赛99场。

你可能有一些简单的比赛知识，100个队比赛，可以淘汰50个队，再两两组合可以淘汰25个队，以此算下去，就可以得到正确答案，但当你费尽力气得出结论，却早已超出时间。

换个思考方法，每比赛一次，就要有一个队因失败而被淘汰。对于最后的冠军来说，就是要把所有的对手一个个地打败，全部淘汰掉，才能最后捧杯。因此，必然至少要比赛99场。换个角度，问

题一下子简单了。

8. 原因很简单，因为开往A的车是4辆编组，而开往B的车则是6辆编组。

只要改变一下车辆的编组数，就不会发生堆积在一头的现象。这种单纯的推理过程，实际上却很少有人注意。总是考虑开往A和开往B的车辆在趟数上的差异，却忽视了由B向A和由A向B有4辆和6辆的差别，因此，就会感到此题不可理解。

9. 可以。只要将生鸡蛋拿到1米以上，然后让鸡蛋自由下落，当它下落到1米的时候，并没有碰到地面，当然不会破。

10. 所谓两个父亲、两个儿子，实际上是祖父、父亲、儿子三个有血缘关系的男子。

因为只有这样才能满足题中的条件。祖父给了他自己的儿子1500元，儿子又从中拿出1000元给了自己的儿子。因此两个儿子的钱加起来也没有超出1500元。

11. 这是一个错误的结论，错误的根源在于“重复分类”。因为可能该地区中30％的人同时患有这三种维生素缺乏症，而其余70％的人根本没有患任何维生素缺乏症。

第十七章　参考答案

1.原来冯梦龙要的是酒桌。

2.那我坐在钢琴前面行吗？

3.如果我和你去了，那就什么都有了。

4.歌德的回答是：“我正好相反。”

5.既然如此，您就给我们出个点子，告诉我们如何才能把你打发走！

6.他的回答是：“如果我俩结了婚，生出的小孩，聪明像你，美丽像我，那岂不是糟糕了吗？”

7.能生一张您那样的脸的话

8.她接道：“写到这里，年轻的作家一把撕去稿纸。他不由得自言自语：‘如此俗套无聊的老故事，怎会出自我的手笔呢！’”

9.商人说的是：“我横幅上写的是：色褪不保（倒过来）。”

10.0只。

9没尾是0。

半个8也是0。

6没头还是0。

所以猎人没有打到野兽。

11.我遵守了自己的诺言，但是他没有遵守。因此，我不好再帮忙了。

12.如果我是你的丈夫，我会毫不犹豫地把它喝下去。

13.你帽子下面那玩意是什么？能算是脑袋吗？

14.那我们就每人开两枪。

15.有很多姑娘，正说明你的夫人不漂亮，对你吸引力不够。我虽然只结过一次婚，但我的夫人非常漂亮，有什么遗憾呢？

16.山中山路转山崖，山客山僧山里来。山客看山山景好，山杏

山桃满山开。

17.您怎么放进去的，我就怎么拿出来，您显然是凭嘴一说，就把鸡装进了瓶子，那么我就也用嘴一说，再把鸡拿出来。

第十八章　参考答案

1. 将5克和30克砝码放在天平一端，先称出35克药粉，再将这35克药粉和30克砝码同放在天平一端，又可称出65克药粉，这样就总共称出药粉：35+65=100（克）。

2. 从其他三个轮胎上各取下一个螺丝，用三个螺丝去固定刚换上的轮胎。

3. 将一个二维物体线性放大2倍时，它的面积以4倍（22）的因子增加，相似的，将三维物体线性放大2倍时，它的体积以8倍（23）的因子增加，假设人的密度保持不变，其重量也以8倍的因子增长，因此你的体重是以前的8倍。

4. 由于四个人都借了别人钱，也借给了别人钱，用数学上的正负来表示，计算一下每个人的得失，就会非常清楚。

埃克：（−10）+（+40）=+30元

布恩：（−20）+（+10）=−10元

查理：（−30）+（+20）=−10元

迪克：（−40）+（+30）=−10元

（+30）+（−10）+（−10）+（−10）=0

这样看来，布恩、查理和迪克分别拿出10美元还给埃克就行了。这样清理债务共用了30美元。如果结算不当，可能动用到100美元。

5. 如图所示，泰勒斯指挥部队在营寨后面挖了一条很深的弧形沟渠，使其两端与河水沟通。这样，湍急的河水分两股而流，原来河道的河水就变得浅而流缓，大部队就可以涉水过河了。

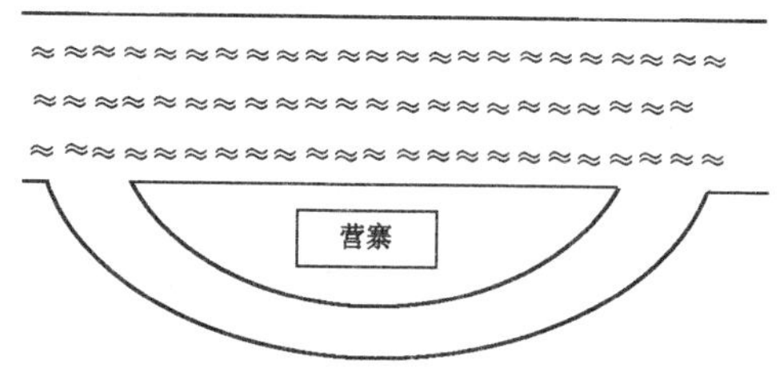

6. 假设甲队是比赛中胜利最多的一个队伍，打败甲队的队伍是丙队，那么，在甲队打败的队伍中，一定存在一个乙队，打败了丙队，否则就会与甲队是胜利最多的队这个假设相矛盾。

7. 先把袋子上半部分的大米倒入空袋子，解开原先袋子的绳子，并将它扎在已倒入大米的袋子上，然后把这个袋子的里面翻到外面，再把小米倒入袋子。这时候，把已倒空的袋子接在装有大米和小米的袋子下面，把手伸入小米里解开绳子，这样大米就会倒入这只空袋子，另一个袋子里就是小米。